新装版
耳からマスター！

しゃべる
英文法

白井恭弘 監修・著／協力 臼井芳子

コスモピア

「中学、高校、大学と英語を勉強しても、英語が使えるように
はならなかった。」これは、多くの人に当てはまる事実でしょう。
なぜでしょうか。英語を勉強する時間が足りなかったからでし
ょうか。それもあるとは思いますが、実は勉強の仕方に根本的
な問題があるのです。

　学校の勉強では、単語、文法を覚えて、英語を日本語に、日
本語を英語に訳すようなことが中心です。もちろんこれらの勉
強は無駄ではありません。単語も文法も重要です。しかし、そ
れだけでは絶対に英語が使えるようにはなりません。

　泳げるようになりたいと思ったら、手の動かし方とか、足の
使い方とか息のつぎ方の勉強ばかりしていても、泳げるように
はなりません。英語の学習も同じで、どんなに単語、文法の知
識を身につけても、それが使える知識になっていなければ、多
大な努力は無駄になるのです。

　では、どうやったら英語が使えるようになるのでしょうか。
言うまでもなく、英語が使えるようになるためには、実際に英
語をその本来の目的として使わなければなりません。言語はコ
ミュニケーションの手段ですから、英語で内容を聞き、読み、
書き、話す練習が絶対に不可欠なのです。つまり、水泳の腕の
動かし方を勉強するだけでなく、実際にプールで泳いでみるこ
とが必要なのです。

　本書では、いままで身に付けた「使えない知識」を「使える知
識」に変えることを目標にしています。つまり、「知識として知
っていた英文法」を宝の持ち腐れでなく、「コミュニケーション

で活かせる」ように変えていくのです。

　では、使えない英語力を使える英語力に変えるためにはどうすればいいでしょうか。「英語が話せるようになるためには話す練習をすればいい」とよく言われます。そう信じている人も多いでしょう。しかしちょっと考えてみれば、この考え方はおかしいことに気がつきます。まず、会話というのは、ひとりで話し続けるわけではありません。相手の言うことが聞き取れなければ、会話は成立しないわけです。ですから、聞くことができなければ、だめなのです。

　さらに、話す能力そのものが、話すことによって伸びるか、ということにも疑問があります。あまり一般には知られていないことですが、言語習得研究の世界では、聞くことが言語習得の必要条件だということを疑う専門家はいません。一方、話すことが必要かどうか、またその役割については大きく意見が分かれているのです。

　ひとつ忘れてはいけないのは、話すことからは新しい知識は何も入ってこない、すなわち今自分の持っている知識を使って何かをするだけだ、ということです。以上のような言語習得に関する理論的背景に基づいて、本書では、「大量のインプットと少量のアウトプット」を通して、机上の勉強でない、本当の意味での「使える」英語力が身に付くような教材を提供しています。

　さあ、この本を使って「使えない英語力」を「使える英語力」に変えていきましょう。

2020 年 3 月　白井泰弘

CONTENTS

コラム

本書の基本的な考え方

本書は、「第二言語習得」という分野の研究をベースに構成されています。ノンネイティブが英語を習得するためには何が必要なのか、第 1 章からの本編に取り組む前に本書の考え方をご確認ください。

▶▶ なぜ、聞き取れないのか、なぜ、話せないのか？

本書の「はじめに」でも書いたように、中学、高校、大学と英語を勉強しても、英語が話せるようにはならなかった、という人は、非常に多いと思います。

学校の勉強では、単語を覚えて、文法を覚えて、その単語と文法を使って、英語を日本語に訳して理解したり、日本語を英語に訳したりすることが中心になっています。実は、このような練習は「言語を使う」という活動とはかけ離れているのです。

想像していただければすぐにわかると思いますが、「英語を使う」ということは、「泳ぐ」「車を運転する」といったことに似ています。泳げるようになりたいと思った人が、手の動かし方とか、足の使い方とか息のつぎ方の勉強ばかりしていて、はたして泳げるようになるでしょうか。車を運転したいと思った人が、交通法規とか車の動かし方とかを教わって、すぐに運転できるようになるでしょうか。

答えはノーです。水泳の腕の動かし方を勉強するだけでなく、泳げるようになるには実際に泳いでみなければなりません。交通法規や車の操作方法を勉強しているだけでなく、実際に車の運転をしてみなければなりません。知識として知っているのと、その知識をもとに実際に何かをするということは決してイコールではありません。

英語の学習も同じように考えることができます。つまり、どんなにたくさん単語、文法の知識を身につけても、それが実際に使える知識になっていなければ、多大な努力は無駄になってしまう、ということなのです。

▶▶ どうしたら使える英語が身につくのか

では、どうやったら英語が使えるようになるのでしょうか。これは、ここまでの説明である程度は想像がつくと思いますが、英語が使えるようになるために大事なのは、実際に英語をその本来の目的として使うことです。英語

で聞いたり、読んだり、書いたり、話したりすることです。

　英語を使うということでいえば、あまり単語を知らないのに、うまく会話をする人もいます。このような人は、少ない単語で話をする能力を身につけているわけです。いわば知っている単語は多くなくても、その単語はすぐに使えるような状態になっているのです。それに対して、多くの日本人は単語や文法はたくさん知っていてもすぐに使えるようになっていません。

　本書では、いままで身につけた「使えない知識」を「使える知識」に変えることを目標にしています。つまり、「知識として知っていた英文法」を「コミュニケーションで活かせる」ように変えていくということです。

　学校で教わった英文法などの知識は、英語がある程度使えるようになった段階で役に立ちます。というのも、多くの人にとって、今の状態というのは、水泳の腕の動かし方を勉強させられたけれども　一度もプールに入らなかったとか、バスケットボールのドリブルとかパスのやり方についてたくさん講義を受けたけれども、一度もボールを持たしてもらえなかった、というようなものだからです。水泳でいえば泳ぎ方の知識が泳ぎをスムーズに改善していくように、バスケットボールでいえばひざの動かし方の知識がシュートの精度を上げるように、英文法や単語の知識は英語を使っているうちに、いろいろな場面で生かされてきます。

　次に、どうすれば、使えない知識を使えるようにできるか、より具体的に検討してみましょう。まず、「聞くこと」と「話すこと」の関係について考えてみます。このふたつは表裏一体の関係にあるといえますが、どちらが大事でしょうか。

▶▶ インプットが言語習得のカギ

　よく「英語が話せるようになるには話す練習をしなければ駄目だ」、と言われています。これはある意味では真実なのですが、ここで忘れてはいけないのは、「話すこと」というのは、すでに自分の持っている知識で何をするか、というだけの話だ、ということです。単語にせよ、文法にせよ、「話すこと」によって新しい知識が入ってくることはありません。

　外国語習得のメカニズムを研究する「第二言語習得」という研究分野が過去40年くらいのあいだに発展してきたのですが、その分野でも聞くこと（インプット）が言語習得に不可欠である、ということに異論をはさむ研究者はいません。

それに対して、話すこと（アウトプット）の効果については、さまざまな意見があります。子どもの言語習得でも、まず、聞くことから始まります。そして、聞くことによって頭の中に言語の知識を蓄積していって、徐々に話すようになるのが普通です。子どもは、話し始める前から、すでにたくさんの言語知識がある、ということもわかっています。さらに、自分の子どもが何も話すことなくずっと黙っていたので親が心配していたところ、ある日突然話し始め、そのときに最初から複雑な文を話した、という事例もたくさんあります。

　このようなことから、聞くこと、すなわちインプットが言語習得のカギだということがわかります。つまり、聞くことによって、話すために必要な自然な言語知識が身につく、ということです。

　では、聞いているだけで、話せるようになるのでしょうか？　もちろん、そのような可能性もありますが、話すこともある程度は必要性がないと、聞くことの効果も高まらないのではないか、ということもいえるのです。

　たとえば、聞くことを重視した「ナチュラルアプローチ」という外国語の教授法があるのですが、これを使ってタイで教えていた先生が、生徒がいつまでたっても話し始めないので困った、という話があります。また、英語でメジャーリーグの放送をいつも聞いていても、それについて英語で話すことがなければ、野球でよく使う表現とかもなかなか使えるようになりません。

　簡単に言えば、「言語習得は聞くことによって起こるが、話すこともしなければ聞くことによる習得も効率が悪くなる」、ということです。ですから、外国語学習においては「大量のインプットと少量のアウトプット」が必須である、という結論が導けます。もちろん、インプットとアウトプットの比率は学習者のレベルや状況によって変わってきますが、まだあまり話せないうちは、インプットの比率を高くしておいた方がよいでしょう。

　以上のような理論的背景にもとづき、本書の学習はリスニングが中心なっていますが、必ずアウトプット、つまり話す活動が入っています。

▶▶ どんなインプット・アウトプットが効果的か

　中学、高校で勉強した英語の教科書の話題を覚えているでしょうか。たとえばヘレン・ケラーの話などが、よく教科書に載っています。それはそれで感動的でためになるのですが、ヘレン・ケラーの話を英語でする機会はその後の人生においてほとんどないでしょう。自分がどんなことを一番よく話し

ているか、と考えると、やはり自分のことについて話すということが多いのではないでしょうか。

　人間は、自分にとって興味がないことはあまり記憶に残りません。自分のことを話すときと、他人のことを話すときでは、脳の活動が異なるという研究もあります。このように考えると、インプット＝アウトプット練習は「自分のこと」を話せるようにするのが最も効果的だと考えられます。

　本書では、まず身近なトピックにまつわる英語のスキット（本書では、「コア・カンバセーション」と呼びます）を何度か聞いて、それについて答える練習をした後で、自分のことについて答えるような練習を取り入れています。コア・カンバセーションを何度も聞いて、質問に対して自動的に答えられるまで練習してください。そして、自分に関する質問にも、スムーズに答えられるように何度も練習しましょう。それによって、文法項目が単なる知識ではなく、使える文法能力となるのです。

▶▶ ナチュラルスピードに慣れる

　英語学習で誰もが苦労するのが、ネイティブの話す速い英語です。これを簡単に克服する方法はありませんが、ひとつ押さえておきたいのが、速く話したときに音がどう変わるか、という原則です。つまり単語と単語の間がつながったり、母音と母音の間の t は l に近くなったりと、ある程度原則のようなものがあります。それらについて意識的にせよ無意識的にせよ、慣れていく必要があります。

　本書では、音声の変化に慣れるため、ナチュラルスピードで話したものと、ゆっくり話したものを用意しました。ナチュラルスピードでは厳しいと感じたら、何度かスロースピードの音声を聞いてから、ナチュラルスピードの音声を聞くようにしてみてください。また、音声だけではなく、コア・カンバセーションのトランスクリプト（文字化されたもの）と語注、必要であれば日本語訳をよく読んでから、もう一度音声を聞いてください。インプットは、聞くことだけでなく、読むことでも効果があります。音声情報と文字情報の両方を利用して、インプット理解の質を高めていきましょう。

▶▶ 自動的に処理できる文法力を身につける

　学校英語で勉強して、もうすでに知っているはずの文法事項も、それが実

際に聞くときや話すときに使えるかどうかは、また別物です。本書では、各章ごとにひとつの文法項目に焦点をあて、その項目を何度も使うことによって、自動的に使えるような力が身につくように工夫してあります。使い方としては、なるべく、各章の質問に「流暢に、すらすらと」答えられるくらいまで、何度も繰り返して練習し、それから次の章に進む、ということを想定して作ってあります。

　ただ、このようなやり方があまり好きではない（つまり飽きてしまう）という人は、ある程度飽きてしまったら、次の章に進んでも差し支えはありません。ただし、ある程度進んだら、また最初に戻ってやるといいでしょう。たとえば第3章くらいまで進んだら、また第1章に戻って最初からやるのです。それで第6章くらいまで進んだら、また第1章に戻る、というふうにするとよいでしょう。何度も自然なインプットを処理することにより、使える文法能力が身につくのです。

　また、聞くときも、文法項目のポイントを意識した上で聞くと、より効率よく文法が処理されます。外国語学習者は、文法を無視して、単語だけで意味を理解しようとする傾向があります。それもある程度は必要なのですが、文法にもそれなりに意識を向けることも重要ですし、それにより効率よく「使える」文法能力が身につくのです。

▶▶ 文法的な正しさよりもコミュニケーションを優先

　なお、本書で扱っている文法は、すべての項目をカバーしているわけではありません。また、スペースの関係上、文法説明もあまり細かいところまで書いてはありません。ただし、意味を伝える上で、重要な文法項目はほとんど網羅してあります。

　たとえば、主語が3人称単数で、現在形の動詞につける -s などは特に扱っていませんが、これは、この文法項目が意味を伝える上ではほとんど役目がないからです。また、本書はある程度学校で英語を勉強した人を主たる読者に想定しているので、基本的文法は知っているという前提で書いてあります。もちろん、忘れてしまったことや教わったけれどよくわかっていない、という場合も多いと思いますので、その場合は文法教材や、インターネット上の文法解説などでさっと調べてみるのもいいでしょう。

　ただし、文法的正しさにあまりこだわることはありません。日本人が英語を話せない理由のひとつに、間違いを恐れて、黙ってしまうということがあ

るからです。本当の使える英語力というのは、大量のインプットと少量のアウトプットを行うことで自然に身についていきます。

　外国語を話すときには、正しさ (accuracy) と流暢さ (fluency) のバランスをとることが大事なのですが、日本人は、学校英語の影響で、正しさにばかり注意がいき、流暢さがのびない、という問題があります。あまり無理をしてしまうと変な英語になってしまう危険性もありますが、それでも話せないよりはましです。正確さと流暢さのバランスを考えながら、積極的に話す練習に取り組む必要があります。まずは間違いをおそれずに、本書でインプットした英語を何度も使ってみましょう。

▶▶ 会話文の暗記も有効

　母語話者は、小さいころから何万時間もかけて英語を習得しますが、我々にはそれほど時間はありません。ですから、インプットだけでなく、それ以外の方法で、自然な英語のデータベースを頭のなかに作っていくことが必要です。そのために有効なのが、会話文の暗記です。

　本書では、頻度の高い、すぐに使えるような会話文を使ってコア・カンバセーションを作成してありますから、何度も聞いて、覚えるようにしてしまうといいでしょう。本書の CD を使って質問に答える練習の他にも、CD を聞いてリピーティングをしたり、シャドーイング（聞いてそのまますぐに同じことを繰り返す練習）をしたりしてみてください。そのときは、登場人物になりきって感情をこめて話すようにするとより効果的です。実際に自分が英語を話す際にも、自然に話せるようになるでしょう。

▶▶ 自分のことを積極的に話そう

　また、各章のいちばん最後に、自分のことについて話す練習があります。この練習を通して実際に会話をすることができるようになるように、工夫した質問を用意してありますので、実際に聞かれたものとして答えてみてください。その際、相手からの質問に Yes. とか No. とか、ひとことだけで答えているだけでは、多様なコミュニケーションは成立しません。日本語で考えてみても、「最近何か映画観た？」と質問されて、「いいえ」としか答えないと会話がそこで終わってしまいかねません。「いいえ (No.)」と答えたあとに、「仕事が忙しくて (I'm too busy with my work.)」と付け加えることで、

相手も「じゃあ、なかなか休みもとれないんだ? (So, you can't take any day off, can you?)」と会話をつなげていくことができるようになります。

　もちろん十分なインプットがない段階では、ひとことで答えるのが精一杯かもしれないので、無理をする必要はありません。しかし、慣れてきたら相手により多くの情報を伝えるように心がけてみましょう。「話そう」という意識が向上するとともに、「英語をしゃべる」という能力の形成に大きな効果をもたらすはずです。1回目はYes. やNo. でしか答えられなくても、2回目、3回目に練習するときには、もう少し情報を付け足してみる、というようにすると効果的でしょう。

▶▶ 実際に声に出さなくてもかまわない

　本書の練習は、本を使わないで、音声だけでもできるように構成されています。スマホなどを使って、歩きながら、または電車の中などで、音声だけで練習してみてください。そして、質問に答えるときには、①できれば声に出して、だめなら②口だけでも動かし、それもできなかったら、③頭の中で言ってみるようにしてください。もちろん、声に出して言ってみるのが一番効果的なのですが、頭の中で言うだけでも、実際に声に出して言うのとかなり近い脳内の活動が起こるので、十分効果が期待できます。本を持ち歩くのが大変なら、外では音声で、家に婦ったら文字で確認する、というのも、ひとつ有効な使い方だと思います。

▶▶ 本書でスピー キングの基礎固めを

　また、自分に関する質問では、さまざまな質問が出てきます。しっかり聞いて、自分なりの答えを言ってみてください。なかには、予測できないような質問も含まれています。これは、単語だけを聞いて、内容を推測して答えるというストラテジーがとれないように工夫してあるからです。たとえば、次のような質問があったとします。

　Did you walk to the station yesterday?

　これはyesterday を聞けば、過去の内容だとわかってしまいます。did という過去を表す表現を無視しても、Yes/No は答えられます。これではなかなか、did の持つ「過去」という意味をを自動的に処理できるようになりま

せん。ですから、本書では、文法項目と語彙と両方に注意を向けることが必要なタスクを多く取り入れています。たとえば未来表現を練習する章で、突然過去について聞かれることもあります。これは、未来のことだろうと予測して聞くという姿勢に変化をもたらします。過去のことも聞かれる可能性があるということで、すべての可能性を考えて聞き取りをすることを要求するものです。このようにして、「自動的に文法が処理できる能力」が身につくように工夫してあります。

▶▶ コミュニケーション・ストラテジーの活用

とはいえ、英語を話していると、単語が出てこなかったり、文の作り方で迷ったりと、時間がかかって沈黙してしまう可能性は少なくありません。これは非常にストレスがたまります。このようなときには、いわゆる「コミュニケーション・ストラテジー」を使うことで、切り抜けることができます。コミュニケーション・ストラテジーとは、外国語で話すときに起こる、さまざまな問題を切り抜けるためのテクニックのことです。

たとえば、「時間かせぎ」のテクニックはとても重要です。単語が出てこなかったとき、あるいは文がうまく組み立てられなかったときに、um や well あるいは let's see などと言って時間をかせいだり、what do you call it（何て言ったっけ）などと言って相手に聞くというのも大事です。このようなコミュニケーション・ストラテジーも、本書ではコア・カンバセーションの中で何度も登場するようにしてありますし、コラムや語句解説などで随時取り上げていきます。

本書の応答練習の中で、なかなか答えられないような質問があれば、ぜひコミュニケーション・ストラテジーを使ってみてください。日本語の日常会話でも、答えにくい質問をされることは少なくありません。そういう場合は、「いや、それは　」などと言った上で、次に言うべきことを考えたのではないでしょうか？　英語でも同じようにすればよいのです。コミュニケーション・ストラテジーを活用しながら、会話を続けていくというスタイルを身につけてください。

また、本書で取り上げた質問の中には、突拍子もない、「変な」質問も入っています。これには、きちんとした理由があります。「単調な練習を面白くする」という効果と、新奇性 (novelty) によって、記憶を強化するためにわざと入れてあるのです。練習をしながら、吹き出してしまうようなこともあ

るでしょうが、それはまさに狙いどおりなので、心配いりません。英語の勉
強は楽しくやりましょう。

▶▶ おわりに

　英語学習は、ほとんどの人が、何がより効果的な方法かわからないまま、
試行錯誤でいろいろな教材を試し、そして挫折しています。その理由はさま
ざまですが、ひとついえることは、外国語学習の本質からはずれた学習をし
ている可能性がある、ということです。本書はここ 40 年くらいの間に進め
られてきた「第二言語習得」という学問の最新の知見にもとづき、最良と思
われる学習方法を提供しています（なお、この第二言語習得という分野の概
要については、拙著『外国語学習の科学』（岩波新書）、『外国語学習に成功
する人、しない人』（岩波科学ライブラリー）をご覧ください）。

　本書を繰り返し使って、英語を大最にインプットし、さらにそれにもとづ
いて話す練習をすることにより、「自分のこと」という限られたトピックに
ついてなら、ある程度流暢に話せるようになるはずです。そして、さらに単
語や表現を覚えて、他のジャンル（たとえば、経済、文化、スポーツなど）
についても話せるようになるための基礎を固めることができるのです。なお、
本書と並行して、あるいは本書が終わってから、自分の興味のある分野を集
中して多読・多聴をすると、インプットによって使える英語力が身につきま
すので、ぜひ実行してみてください。これは narrow listening/reading と
呼ばれています。

　第二言語習得という学問分野は、すでにある程度の成果を出しています。
たとえば、筆者が高校英語教師時代に第二言語習得の理論を応用し、インプ
ット中心のプログラムを組んで教えたところ、英語の偏差値が 10 上がった
ということがありました。

　また、カーネギーメロン大学の初級 H 本語 コースでは、第二言語習得研
究の専門家 (Keiko Koda) が作ったプログラムにもとづいて教えていますが、
ゼロから初めて、週 4 時間、1 学期 (3 カ月程度) の授業が終わると学生は日
本語で 15 分間会話ができるようになり、仮名漢字まじりの手紙が 2 枚程度
書けるようになるのです。本書は第二言語習得の最新の成果を取り入れてい
ますので、筆者自身もどの程度効果がでるのか、わくわくしています。読者
のみなさんからのフィードバックをお待ちしています。

スマホでらくらく聞ける！
無料音声ダウンロードについて

●簡単な登録で、音声をスマートフォンや PC にダウンロードできます。

●アプリ「audiobook.jp」では、速度変更やくり返し再生を行うことができます。

かんたん♪

満員電車でも
聞けちゃう！

＊音声をダウンロードするには、連携サイト audiobook.jp での会員登録（無料）が必要です。
　下記の手順に沿って音声をご利用ください。
＊以前の「FeBe」が「audiobook.jp」とサービス名を変更しました。新しいアプリをインストールしてください。（ログイン後、以前の音声データも引き継がれますので安心してご利用ください。）

| 対応機種 | ・PC（Windows/Mac）
・iOS（iPhone/iPad）
・Android（タブレット、スマートフォン） |

このサイトにアクセス！＜無料です＞
または「コスモピア シリアルコード」で検索！

https://audiobook.jp/exchange/cosmopier

1 audiobook.jp に会員登録（無料）

2 上記サイトで8桁のシリアルコード＊を入力

3 audiobook.jp の本棚からダウンロード
スマホの場合は、アプリ「オーディオブック」から！

＊8桁のシリアルコード T0020005 をご入力ください

PC をお使いの方は下記の方法でご利用ください。（登録無料）

① 「コスモピアクラブ」に会員登録　http://cosmopier.net/

② 「コスモピア」に会員登録　http://cosmopier.net/shop/
　ログイン後、左側のカテゴリーの一番上にある「ダウンロードステーション」をクリック。

③ 「ダウンロードステーション」で「Go!」
　ダウンロードしたい音声がある書籍を選び、「Go!」をクリック。音声は PC の一括ダウンロード用圧縮ファイル（ZIP 形式）でのご提供です。解凍してお使いください。

音声ファイル表

本書の構成と使い方

本書のメインパートは、全 24 章で構成されています。各章は 6 つの STEP に分かれていて、段階的に「使える英文法」がマスターできるようになっています。学習を始める前に、どういう手順で学習を進めていけばいいのかを確認してください。

▶▶ 6 つの STEP で、ひとつの文法事項に習熟

　本書では、p.23 からのメインパートで、「これまでに持っている文法知識」を「会話で使える状態」へと持っていく「ステップアップ学習」を進めていきます。全部で 24 章があり、ひとつの章でひとつの文法事項を扱っています。各章は次のような 6 つのステップで構成されています。

> **STEP 1** ▶▶ コア・カンバセーションのリスニング

> **STEP 2** ▶▶ コア・カンバセーションの応答練習

> **STEP 3** ▶▶ コア・カンバセーションの確認

> **STEP 4** ▶▶ STEP 2 の解答・解説

> **STEP 5** ▶▶ 自分のことをスピーキング！

> **STEP 6** ▶▶ STEP 5 の解答例と解説

　基本的には、最初の STEP 1 でコア・カンバセーションという会話文を聞いて、STEP 2 でその会話に関する質問に英語で答えます。次に、STEP 3 でコア・カンバセーションの内容を、STEP 4 で STEP 2 の解答・解説をそれぞれ確認します。STEP 5 は STEP 2 と同じタイプの質問が 8 問ありますが、今度は本書の読者（つまり、これを読んでいるあなた）に対しての質問になっています。自分の場合にあてはめて、質問に答えてください。最後の STEP 6 には、STEP 5 の解答例が載せてあります。STEP 5 で答えられなかった質問には、解答例を参考に自分なりの答えを考えてみましょう。

　各ステップについては、次のページから詳しく紹介していきます。

◆ STEP 1　コア・カンバセーションのリスニング

　最初に、コア・カンバセーションを聞きます。音声を聞く前に、登場人物と場面の説明を読んでおくと、流れがわかりやすくなります。

　音声は、最初に「ノーマルスピード」、続いてもう少し遅めの「スロースピード」のふたつのパターンで収録されています。「ノーマルスピード」の音声についていけない場合は、「スロースピード」で速さに慣れてください。また、リスニングだけではなく、シャドーイング（聞こえた音声をそのまますぐに再現する練習）やリピーティングをしてみるとよいでしょう。

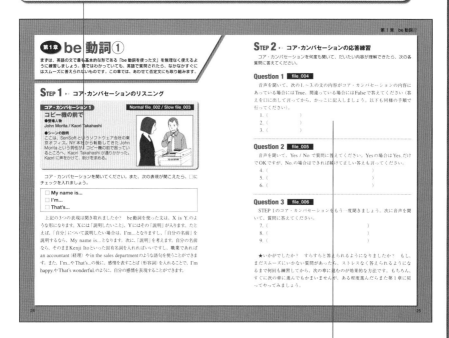

◆ STEP 2　コア・カンバセーションの応答練習

　次に、コア・カンバセーションの内容に関して質問が英語の音声で用意されていますので、英語で答えてみてください。自分が解答する部分は無音状態になっていますので、声に出して答えましょう。

　英語の質問は、Question 1 ～ 3 の 3 段階に分かれていて、各 3 問用意されています。Question 1 は聞こえてきた平叙文の内容について、True / False で答える問題です。Question 2 は Yes / No で答える質問、Question 3 は第 4 章以降疑問詞を使った疑問文が入ってきます。

◆ STEP 3　コア・カンバセーションの確認

　STEP 1でリスニングをしたコア・カンバセーションのスクリプト、および語注が掲載されています。スクリプトには、その章の学習テーマに関連のある部分が赤字でハイライトしてあります。文法事項がどのように会話文で使われているか、しっかりと確認してください。

　また、スクリプトの日本語訳は、6章ごとにまとまって収録されています。意味のわからない個所があったら、語注とともに活用してください。コア・カンバセーションの内容が理解できたら、次のSTEP 4へ進みましょう。

STEP 3 ▸ コア・カンバセーションの確認

　STEP 1 のコア・カンバセーションのトランスクリプションです。語注も参考にしながら、内容を確認してください。(訳は p.60)

John: *Ano, sumimasen...*Do you speak English?
Kaori: A little.
John: My name is John Morita. I'm new here. It's my first day.
Kaori: Really? Welcome. I'm Kaori Takahashi.
John: Nice to meet you, Kaori. Um, can you help me with this photocopier?
Kaori: OK. It's easy. You should place the paper here. And this is the, um, start button.
John: Thank you. I'm sorry–*nihongo wa dame desu.*
Kaori: No! The...sound is very good.
John: I guess my pronunciation is OK. By the way, I'm from the U.S.—from Honolulu, Hawaii.
Kaori: Honolulu? You're so lucky! Hawaii is my favorite place!
John: Oh, really? Well...
Kaori: Oh—that's my phone. Excuse me.
John: Thanks again. Hmm—she's nice.

【語注】
my first day: 初日
nice to meet you: はじめまして
photocopier: コピー機
sound: 音(ここでは pronunciation という単語が思い浮かばなかったので、近い意味の単語 sound で言い換えるというストラテジーを使っている。p.63 参照)

pronunciation: 発音
favorite: 大好きな、お気に入りの
my phone: 私の電話(=私にかかってきた電話)
Excuse me.: すみません。

STEP 4 ▸ STEP 2 の解答・解説

　STEP 2 で行った応答練習の解答と解説です。左ページにあるコア・カンバセーションのスクリプトとあわせて、解答の確認をしましょう。

　1.〜3.は問題なかったと思いますが、4.以降ではすべていわゆる intonation question、つまり「食べる?」のように最後を上昇調にすることで相手に質問をする方が使われています。

　また、同じ語句の繰り返しを避けるために、代名詞を使って答えていることに注意してください。たとえば、5.では、John's last name を his last name と言い換えています。また、7.〜9.ではいずれも代名詞の it を使って答えていますが、8.で Hawaii と答える場合は、なるべく it's を入れて、No, it's Hawaii. と答えるようにしましょう。

【応答練習の解答】
1. John Morita is new.
   True
2. Hawaii is Kaori's favorite place.
   True
3. John's Japanese pronunciation is OK.
   True
4. John is new?
   Yes. / Yes, he is.
5. John's last name is Takahashi?
   No, his last name is Morita.
6. John is from Hawaii?
   Yes. / Yes, he is.
7. Kaori's last name is Takahashi?
   Yes. / Yes, it is.
8. Kaori's favorite place is Japan?
   No. / No, it's Hawaii.
9. John's Japanese pronunciation is OK?
   Yes. / Yes, it is.

【応答練習の訳】
1. John Morita は新人です。
   正
2. ハワイは Kaori のお気に入りの場所です。
   訳
3. John の日本語の発音は大丈夫です。
   正
4. John は新人ですか?
   はい。そうです。
5. John の名字は Takahashi ですか?
   いいえ、彼の名字は Morita です。
6. John はハワイ出身ですか?
   はい。そうです。
7. Kaori の名字は Takahashi ですか?
   はい。そうです。
8. Kaori の大好きな場所は日本ですか?
   いいえ、ハワイです。
9. John の日本語の発音は大丈夫ですか?
   はい。大丈夫です。

◆ STEP 4　STEP 2 の解答・解説

　STEP 3 でコア・カンバセーションの内容を確認したら、続いて STEP 2 の応答練習の答え方の例を確認してください。質問 1.〜9.のスクリプトおよび日本語訳が掲載されています。解説を参考にしながら、英語の質問に英語で解答するイメージをしっかりと身につけましょう。

　また、答えられなかった質問は、もう一度 STEP 2 に戻って再チャレンジしてみるとよいでしょう。何度も練習して、解答が自然に口から出てくるのようになるのが理想です。

◆ STEP 5　自分のことをスピーキング！

　コア・カンバセーションに関する質問に答えられるようになったら、今度は自分のことについて英語で話す練習をしましょう。Application 1では、STEP 2と同じタイプの質問が全部で8つ用意されています。STEP 2と同様に3〜5秒の無音状態がありますので、なるべく声に出して「自分の答え」で質問に答えましょう。

　Application 2は、学習した文法のポイントをふまえて、自分から英語を話す練習です。この練習で、スピーキングに慣れてください。

◆ STEP 6　STEP 6 の解答例と解説

　最後に、STEP 5のApplication 1の答え方の例およびその日本語訳を参考にしながら、この章で学習した文法事項を確認してください。もちろん、ここに掲載されているのはあくまで例です。ここにある例を参考にして、「自分の答え」がすぐに言えるようになるまで、何回か練習してみましょう。

　STEP 2やSTEP 5は、1回の練習ですぐに答えられるようにはなりません。もう一度コア・カンバセーションを聞いて、再度STEP 2やSTEP 5の練習をしてもよいでしょう。

ウォーミング・アップ Check!

▶▶あなたの英語スピーキング力はどれくらい？

さて、みなさんは今の段階で、どのくらい英語で話し続けられるでしょうか。以下のトピックについて、今からどのくらい沈黙せずに話せるか、測ってみましょう。

- ●自分の仕事、学生なら学校のこと
- ●自分の趣味、好きな音楽、スポーツなど
- ●家族、友人、先生など
- ●昔の話（学校、仕事、旅行、恋愛など）
- ●未来の予定（明日、週末、次の休暇、1年後、3年後、10年後）

（　　　分　　　秒）　　　　年　　　月　　　日

いかがでしたか？　この本を1冊やりとげたあとで、もう一度同じことをやってもらいます。そのときは、記録が格段にのびているはずですので、最後まで頑張って続けてほしいと思います。最後までやり遂げる前に伸びをチェックしたい人は、第8章までやってから、もう一度テストしてみてください。ある程度伸びているはずです。さらに、もう一度チェックしたい人は第16章でやってみましょう。

では、まず、第1章から！

しゃべる英文法

本編は全 24 章で構成されています。各章では、コア・カンバセーションという短い会話文を聞いて、その内容に関する質問に答える練習をします。その後で、自分のことについて同じタイプの質問に答えるという手順で学習を進めていきます。シンプルな文からはじめて、「微妙なニュアンスを伝える」あるいは「何らかの条件を盛り込む」といった複雑な表現が、自動的に口から出てくるように練習を重ねていきましょう。

本章

各章で扱う文法項目一覧

第1章 be 動詞 ①

まずは、英語の文で最も基本的な形である「be 動詞を使った文」を無理なく使えるように練習しましょう。頭ではわかっていても、英語で質問されたら、なかなかすぐにはスムーズに答えられないものです。この章では、あわせて否定文にも取り組みます。

S<small>TEP</small> 1 ▸▸ コア・カンバセーションのリスニング

コア・カンバセーション 1

Normal file_002 / Slow file_003

コピー機の前で

● 登場人物
John Morita / Kaori Takahashi

● シーンの説明
ここは、SenSoft というソフトウェア会社の東京オフィス。NY 本社から転勤してきた John Morita という男性が、コピー機の前で困っているところへ、Kaori Takahashi が通りかかった。Kaori に声をかけて、助けを求める。

　コア・カンバセーションを聞いてください。また、次の表現が聞こえたら、□にチェックを入れましょう。

□ **My name is...**
□ **I'm...**
□ **That's...**

　上記の3つの表現は聞き取れましたか？　be動詞を使った文は、X is Y.のような形になります。Xには「説明したいこと」、Yにはその「説明」が入ります。たとえば、「自分」について説明したい場合は、I'm...となりますし、「自分の名前」を説明するなら、My name is...となります。次に、「説明」を考えます。自分の名前なら、そのままKenji Itoといった固有名詞を入れればいいですし、職業であればan accountant（経理）やin the sales departmentのような語句を使うことができます。また、I'm...やThat's...の後に、感情を表すことば（形容詞）を入れることで、I'm happy.やThat's wonderful.のように、自分の感情を表現することができます。

STEP 2 ▸▸ コア・カンバセーションの応答練習

コア・カンバセーションを何度も聞いて、だいたい内容が理解できたら、次の各質問に答えてください。

Question 1 　file_004

音声を聞いて、次の 1.〜3. の文の内容がコア・カンバセーションの内容にあっている場合には True、間違っている場合には False で答えてください（答えを口に出して言ってから、かっこに記入しましょう。以下も同様の手順で行ってください）。

1. (　　　　　　　)
2. (　　　　　　　)
3. (　　　　　　　)

. . . .

Question 2 　file_005

音声を聞いて、Yes / No で質問に答えてください。Yes の場合は Yes. だけで OK ですが、No. の場合はできれば続けて正しい答えも言ってください。

4. (　　　　　　　　　　　　)
5. (　　　　　　　　　　　　)
6. (　　　　　　　　　　　　)

. . . .

Question 3 　file_006

STEP 1のコア・カンバセーションをもう一度聞きましょう。次に音声を聞いて、質問に答えてください。

7. (　　　　　　　　　　　　)
8. (　　　　　　　　　　　　)
9. (　　　　　　　　　　　　)

★いかがでしたか？　すらすらと答えられるようになりましたか？　もし、まだスムーズにいかない質問があったら、ストレスなく答えられるようになるまで何回も練習してから、次の章に進むのが効果的な方法です。もちろん、すぐに次の章に進んでもかまいませんが、ある程度進んだらまた第 1 章に戻ってやってみましょう。

STEP 3 ▶▶ コア・カンバセーションの確認

STEP 1のコア・カンバセーションのトランスクリプションです。語注も参考にしながら、内容を確認してください。（訳は*p.60*）

John: *Ano, sumimasen*...Do you speak English?

Kaori: A little.

John: My name is John Morita. I'm new here. It's my first day.

Kaori: Really? Welcome. I'm Kaori Takahashi.

John: Nice to meet you, Kaori. Um, can you help me with this photocopier?

Kaori: OK. It's easy. You should place the paper here. And this is the, um, start button.

John: Thank you. I'm sorry—*nihongo wa dame desu.*

Kaori: No! The...sound is very good.

John: I guess my pronunciation is OK. By the way, I'm from the U.S.—from Honolulu, Hawaii.

Kaori: Honolulu? You're so lucky! Hawaii is my favorite place!

John: Oh, really? Well...

Kaori: Oh—that's my phone. Excuse me.

John: Thanks again. Hmm—she's nice.

【語注】

my first day: 初日
nice to meet you: はじめまして
photocopier: コピー機
sound: 音（ここでは **pronunciation** という単語が思い浮かばなかったので、近い意味の単語 **sound** で言い換えるというストラテジーを使っている。*p.63* 参照）

pronunciation: 発音
favorite: 大好きな、お気に入りの
my phone: 私の電話
（＝私にかかってきた電話）
Excuse me.: すみません。

STEP 4 ▸▸ STEP 2 の解答・解説

　STEP 2 で行った応答練習の解答と解説です。左ページにあるコア・カンバセーションのスクリプトとあわせて、解答の確認をしましょう。

　1.～3.は問題なかったと思いますが、4.以降ではすべていわゆる intonation question、つまり「食べる？」のように最後を上昇調にすることで相手に質問をする方法が使われています。

　また、同じ語句の繰り返しを避けるために、代名詞を使って答えていることに注意してください。たとえば、5.では、John's last name を his last name と言い換えています。また、7.～9.ではいずれも代名詞の it を使って答えていますが、8.で Hawaii と答える場合は、なるべく it's を入れて、No, it's Hawaii. と答えるようにしましょう。

【応答練習の解答】
1. John Morita is new.
   True
2. Hawaii is Kaori's favorite place.
   True
3. John's Japanese pronunciation is OK.
   True
4. John is new?
   Yes. / Yes, he is.
5. John's last name is Takahashi?
   No, his last name is Morita.
6. John is from Hawaii?
   Yes. / Yes, he is.
7. Kaori's last name is Takahashi?
   Yes. / Yes, it is.
8. Kaori's favorite place is Japan?
   No. / No, it's Hawaii.
9. John's Japanese pronunciation is OK?
   Yes. / Yes, it is.

【応答練習の訳】
1. John Morita は新人です。
   正
2. ハワイは Kaori のお気に入りの場所です。
   誤
3. John の日本語の発音は大丈夫です。
   正
4. John は新人ですか？
   はい、そうです。
5. John の名字は Takahashi ですか？
   いいえ、彼の名字は Morita です。
6. John はハワイ出身ですか？
   はい、そうです。
7. Kaori の名字は Takahashi ですか？
   はい、そうです。
8. Kaori の大好きな場所は日本ですか？
   いいえ、ハワイです。
9. John の日本語の発音は大丈夫ですか？
   はい、大丈夫です。

STEP 5 ▸▸ 自分のことをスピーキング！

これからの質問は、自分自身についてのものです。自分のことにあてはめて、答えてください。

Application 1　**file_007**

次の質問にYes / Noで答えてください。最初はYes / Noだけで答えればOKですが、慣れてきたら、Yes / Noなどの後にひとこと付け加えてみましょう。うまく答えられなかった質問には、解答例（p.21）を参考にしながら、自分なりの答えを考えてみてください。

1. (　　　　　　　　　　　　　　　　　　)
2. (　　　　　　　　　　　　　　　　　　)
3. (　　　　　　　　　　　　　　　　　　)
4. (　　　　　　　　　　　　　　　　　　)
5. (　　　　　　　　　　　　　　　　　　)
6. (　　　　　　　　　　　　　　　　　　)
7. (　　　　　　　　　　　　　　　　　　)
8. (　　　　　　　　　　　　　　　　　　)

Application 2

次の例にしたがって、自分の自己紹介のパターンを作成しましょう。
（例）
Hi, my name is John Morita.
I'm from Honolulu, Hawaii.
How about you?

◆自分の自己紹介①

Hi, my name is (　　　　　　　　　　　　　　　),
I'm (　　　　　　　　　　　　　　).
How about you?

STEP 6 ▸▸ STEP 5 の解答例と解説

　ここでも、すべてintonation questionによる質問になっています。この intonation questionは、実際の会話では大変よく使われます。ただし、くだけた表現なので、フォーマルな場面では、使わない方が無難です。その点に注意しておけば、けっこう役に立つので、使ってみてください。ただあまり多用すると普通の疑問文をなかなか使えるようにならないので、注意しましょう。

【Application 1 の解答例】

1. You are Japanese?
   Yes, I am.
   No, I'm British.
2. You are a teacher?
   Yes, I am.
   No, I'm a student.
3. You are from Tokyo?
   Yes, I am.
   No, I'm from Sendai.
4. Your father is from Chiba?
   Yes, he is.
   No, he's from Osaka.
5. Japan is your favorite country?
   Yes, it is.
   No, China is my favorite country.
6. Your first name is popular in Japan?
   Yes, it is.
   No, it isn't.
7. Your job is hard?
   Yes, it is. The hours are really long.
   No, it's not too bad.
8. Your cell phone is new?
   Yes, it is.
   No, it isn't.

【Application 1 の訳】

1. あなたは日本人ですか？
   はい、そうです。
   いいえ、私はイギリス人です。
2. あなたは先生ですか？
   はい、そうです。
   いいえ、私は学生です。
3. あなたは東京出身ですか？
   はい、そうです。
   いいえ、私は仙台出身です。
4. あなたの父親は千葉出身ですか？
   はい、そうです。
   いいえ、彼は大阪出身です。
5. 日本はあなたの大好きな国ですか？
   はい、そうです。
   いいえ、中国が私の大好きな国です。
6. あなたの名前は日本では一般的ですか
   はい、そうです。
   いいえ、そうではありません。
7. あなたの仕事はきついですか？
   はい、そうです。勤務時間がとても長いです。
   いいえ、悪くないです。
8. あなたの携帯電話は新しいですか？
   はい、そうです。
   いいえ、そうではありません。

第2章 be 動詞②

コミュニケーション上でわからないことがあったら、疑問文を使って相手に質問するという必要性が出てきます。また、相手が間違ったことを言ったら、それを否定することも時には必要です。ここでは、be 動詞の疑問文と否定文を取り上げます。

STEP 1 ▸▸ コア・カンバセーションのリスニング

コア・カンバセーション 2

Normal file_008 / Slow file_009

コーヒールームでの再会

●登場人物
Kaori Takahashi / John Morita

●シーンの説明
Kaori は、Sensoft のコーヒールームで初日の勤務はどうか、John に話しかける。John は、コーヒーメーカーを前にして使い方がわからないようで困っていたが、コンセントの電源が原因だとわかる。ふたりはお互いの職種について質問を始めた。

コア・カンバセーションを聞いてください。また、次の表現が聞こえたら、□にチェックを入れましょう。

- □ Is everything...?
- □ Is this...?
- □ Are you...?
- □ I'm not...
- □ It isn't...

上記の5つの表現は聞き取れましたか？ be動詞の疑問文は、「be動詞＋主語」の語順で疑問文をつくることができます。たとえば、Is everything OK?やAre you OK?などのように使います。自分のことについて人に聞くことは少ないので、Am I...?という形は使用頻度が高くありません。また、主語と動詞の語順を変えるのが面倒なので、イントネーションだけでYou are tired?などのように言ってしまうこともできますが、わりとくだけた表現なので、フォーマルな場面では避けた方が無難です。

否定文は、be 動詞のあとにnot をつけるだけです（例：I am a student. → I am <u>not</u> a student.）。また、否定文では短縮された形が頻繁に使われます（例：<u>I'm</u> not a student.）。

Step 2 ▸▸ コア・カンバセーションの応答練習

　コア・カンバセーションを何度か聞いて、だいたい内容が理解できたら、次の各質問に答えてください。

Question 1　file_010

　音声を聞いて、次の 1. ～ 3. の文の内容がコア・カンバセーションの内容にあっている場合には True、間違っている場合には False で答えてください（答えを口に出して言ってから、かっこに記入しましょう。以下も同様の手順で行ってください）。

　　1. (　　　　　　　)
　　2. (　　　　　　　)
　　3. (　　　　　　　)

Question 2　file_011

　音声を聞いて、Yes / No で質問に答えてください。Yes の場合は Yes. だけで OK ですが、No. の場合はできれば続けて正しい答えも言ってください。

　　4. (　　　　　　　　　　　　　　　)
　　5. (　　　　　　　　　　　　　　　)
　　6. (　　　　　　　　　　　　　　　)

Question 3　file_012

　STEP 1 のコア・カンバセーションをもう一度聞きましょう。次に音声を聞いて、質問に答えてください。

　　7. (　　　　　　　　　　　　　　　)
　　8. (　　　　　　　　　　　　　　　)
　　9. (　　　　　　　　　　　　　　　)

　★ いかがでしたか？　うまく答えられるようになるまで、何度も練習してみてください。もちろん飽きたら次の章に進んでもかまいませんが、また戻ってくるとよい復習になるでしょう。

STEP 3 ▸▸ コア・カンバセーションの確認

STEP 1のコア・カンバセーションのトランスクリプションです。語注も参考にしながら、内容を確認してください。（訳は p.60）

Kaori: Hello, John. How is your first day? Is everything OK?

John: Yes. But I think this coffee maker is broken. Is this the start button?

Kaori: Yes. But first you...uh...what is the word?

John: I have to plug it in. Sorry. I'm not good with machines.

Kaori: I can see that. That's OK. Um, what is your job here?

John: I'm a computer programmer.

Kaori: Are you really a computer programmer?

John: Just kidding. I'm in overseas marketing. How about you?

Kaori: I'm a, um, software analyst.

John: Wow. That's impressive. By the way, where are you from, Kaori?

Kaori: I'm from Sendai, in Miyagi prefecture. It isn't so interesting.

John: Yes, it is! That's the real Japan. Oh, the coffee's ready. Would you like some?

Kaori: Yes please, thank you.

【語注】

broken: 壊れた
What is the word?: 単語は何だっけ？（単語が出てこないときに使うストラテジー。p.63 参照）
plug: 挿し込む

just kidding: 冗談です
analyst: アナリスト、分析者
impressive: すばらしい
prefecture: 県

S<small>TEP</small> 4 ▸▸ STEP 2 の解答・解説

　STEP 2 で行った応答練習の解答と解説です。左ページにあるコア・カンバセーションのスクリプトとあわせて、解答の確認をしましょう。

　be 動詞の疑問文に対する 答えのパターンはいろいろです。"Is he happy?" という疑問文に対する答えを示すと、一番短いものから次のようになります。

① Yes.　　　　　　　　　　　　No.

② Yes, he is.　　　　　　　　　No, he is not.

③ Yes, he is very happy.　　　　No, he is unhappy.

④ Yes, he is. He is very happy.　No, he is not. He is unhappy.

　① のように簡単に答えてもいいですが、それではぶっきらぼうな感じになってしまうこともありますので、本当は、②③④のように、もう少し情報を付け加えた方がいいです。ただ、この段階では、あまり「無理をして」話す必要はありません。無理して話すと変な英語が身に付いてしまいますから。

【応答練習の解答】

1. John's first day is not OK.
   False
2. Kaori is not from Nagano prefecture.
   True
3. John is not good with machines.
   True
4. Kaori is from Tokyo?
   No. / No, she is from Sendai.
5. John is in overseas marketing?
   Yes. / Yes, he is.
6. The coffee maker is broken?
   No. / No, it's not broken.
7. Is John good with machines?
   No, he is not good with machines.
8. Is John a computer programmer?
   No, he is in overseas marketing.
9. Is Kaori a software analyst?
   Yes. / Yes, she is.

【応答練習の訳】

1. John の初日は大丈夫ではありません。
   誤
2. Kaori は長野県の出身ではありません。
   正
3. John は機械に強くありません。
   正
4. Kaori は東京出身ですか？
   いいえ。彼女は仙台の出身です。
5. John は海外マーケティング部ですか？
   はい、そうです。
6. コーヒーメーカーは壊れていますか？
   いいえ。壊れていません。
7. John は機械に強いですか？
   いいえ。彼は機械に強くありません。
8. John はコンピュータ・プログラマーですか？
   いいえ。彼は海外マーケティング部です。
9. Kaori はソフトウェア・アナリストですか？
   はい、そうです。

STEP 5 ▸▸ 自分のことをスピーキング！

これからの質問は、自分自身についてのものです。自分のことにあてはめて、答えてください。

Application 1　file_013

次の質問にYes / Noで答えてください。最初はYes / Noだけで答えればOKですが、慣れてきたら、Yes / Noなどの後にひとこと付け加えてみましょう。うまく答えられなかった質問には、解答例（p.35）を参考にしながら、自分なりの答えを考えてみてください。

1. (　　　　　　　　　　　　　　　　)
2. (　　　　　　　　　　　　　　　　)
3. (　　　　　　　　　　　　　　　　)
4. (　　　　　　　　　　　　　　　　)
5. (　　　　　　　　　　　　　　　　)
6. (　　　　　　　　　　　　　　　　)
7. (　　　　　　　　　　　　　　　　)
8. (　　　　　　　　　　　　　　　　)

Application 2

職業と出身地を尋ねる質問パターンを完成させましょう。

Q: Where (　　　　　　　　　　　　　)?
A: I'm from Tokyo.

Q: What (　　　　　　　　　　　　　)?
A: I'm an English teacher.

Step 6 ▸▸ STEP 5 の解答例と解説

　さて、自分のことに関する質問にはうまく答えられましたか？　質問が矢継ぎ早に出てくるので、さっと答えるのが難しい場合もあるでしょう。その場合には、CD を止めてじっくり答えたり、質問をもう一度聞いたり、何度も練習して、何回目かで全部うまく答えられるようにするなど、自分にあった方法を考えてみましょう。それから、自分に関することを話そうとして知らない単語があったら、調べておくとよいでしょう。

【Application 1 の解答例】

1. Are you a computer programmer?
   Yes, I am.
   No, I'm a sales clerk.
2. Are you from Sendai?
   Yes, I am.
   No, I'm from Fukuoka.
3. Are you good with computers?
   Yes, I am.
   No, I'm not very good with
   computers.
4. Is your room clean?
   Yes, it is.
   No, it's not.

5. Is your name Keiko?
   Yes, I'm Keiko.
   No, my name is Kyoko.
6. Are your colleagues nice?
   Yes, they're very kind.
   No, they're not very kind.
7. Is your favorite movie *Star Wars*?
   No, my favorite movie is *Titanic*.
8. Is the weather good today?
   Yes, it's a beautiful day.

【Application 2 の解答例】

Q: Where (are you from)?
Q: What (is your job)?

【Application1 の訳】

1. あなたはコンピュータ・プログラマーですか？
   はい、そうです。
   いいえ、私は販売員です。
2. あなたは仙台出身ですか？
   はい、そうです。
   いいえ、私は福岡出身です。
3. コンピューターには詳しいですか？
   はい、詳しいです。
   いいえ、コンピューターはあまり詳しくはありません。
4. あなたの部屋はきれいですか？

　はい、きれいです。
　いいえ、違います。
5. あなたの名前は Keiko ですか？
   はい、私は Keiko です。
   いいえ、私の名前は Kyoko です。
6. あなたの友人は親切ですか？
   はい、とても親切です。
   いいえ、そんなに親切ではありません。
7. あなたの一番好きな映画は『スター・ウオーズ』ですか？
   いいえ、『タイタニック』です。
8. 今日はいい天気ですか？
   はい、快晴です。

第3章

5文型① SVとSVO

「5文型はあまり重要ではない」という声もありますが、最近の言語学では「文型そのものが意味を持っている」という意見もあり、その重要性が再認識されています。ここでは、SV（主語＋動詞）とSVO（主語＋動詞＋目的語）を取り上げます。

STEP 1 ▸▸ コア・カンバセーションのリスニング

コア・カンバセーション 3

新宿御苑でお花見

Normal file_014 / Slow file_015

●登場人物
Kaori Takahashi / John Morita / Maria Nelson / Akio Miyashita / Yumi Watanabe

●シーンの説明
SenSoft 東京オフィスの社員たちは、お花見で新宿御苑に来ていた。John は、そこで Maria から広報部にいる Akio とアルバイトの Yumi を紹介される。Yumi は雑誌の記事を書く仕事もしているという。

　コア・カンバセーションを聞いてください。また、次の表現が聞こえたら、□にチェックを入れましょう。

□ I work in the…　　　　　□ You know Maria…
□ Yumi also writes for a…　□ I just wrote an article…

　上記の表現は聞き取れましたか？　I work in the…やYumi also writes for a…など、SVの文型は「主語が何かをする」という意味になりますが、その動作は「自己完結している」ものととらえています。SVOとの違いは、基本的に主語は他の対象に働きかけないとういうことです。自分がいつも何をしているか（I work for a ABC company. / I got to XYZ university.）といったことや、どこに住んでいるか（I live in Tokyo.）など、自分のことを話すときには欠かせない文型です。

　一方、SVOは、「主語が何か別のものに働きかける」というのが基本的な意味です。普通は動作としてI ate an apple.のように働きかけますが、精神的な働きかけとしてI know him.などもあります。つまり主語と目的語の関係をはっきり表す表現といえます。同じ動詞が、SVでもSVOでも使えることも多く、ここでもYumi (also) writes for a magazine.はSV、いわゆる自動詞として使われているのに対して、I (just) wrote an article…はSVOで、つまり他動詞として使われています。

Step 2 ▸▸ コア・カンバセーションの応答練習

コア・カンバセーションを何度も聞いて、だいたい内容が理解できたら、次の各質問に答えてください。

Question 1　file_016

音声を聞いて、次の1.〜3.の文の内容がコア・カンバセーションの内容にあっている場合にはTrue、間違っている場合にはFalseで答えてください（答えを口に出して言ってから、かっこに記入しましょう。以下も同様の手順で行ってください）。

1. (　　　　　　　　)
2. (　　　　　　　　)
3. (　　　　　　　　)

Question 2　file_017

音声を聞いて、Yes / No で質問に答えてください。Yesの場合はYes.だけでOKですが、No.の場合はできれば続けて正しい答えも言ってください。

4. (　　　　　　　　　　　　)
5. (　　　　　　　　　　　　)
6. (　　　　　　　　　　　　)

Question 3　file_018

STEP 1のコア・カンバセーションをもう一度聞きましょう。次に音声を聞いて、質問に答えてください。

7. (　　　　　　　　　　　　)
8. (　　　　　　　　　　　　)
9. (　　　　　　　　　　　　)

★いかがでしたか？　第1章と第2章に出てきたbe動詞も含んでいるので、解答するのに少し混乱したかもしれません。これからいろいろなタイプの疑問文が出てきますので、あせらずに慣れていきましょう。

STEP 1のコア・カンバセーションのトランスクリプションです。語注も参考にしながら、内容を確認してください。（訳はp.61）

Kaori: Hi, John. You know Maria, don't you?

John: Yes, she's my boss!

Maria: Well, not really. This is Akio and this is Yumi. They work in the same department.

Akio: Nice to meet you, John. Welcome to SenSoft. I work in the PR department.

Yumi: I edit the company website.

Kaori: Yumi also writes for a magazine.

John: Oh, yeah? What do you write about?

Yumi: Events in Tokyo. In fact, I just wrote an article about the Sanja Festival.

Maria: It's a famous festival in Asakusa. They have a parade, dancing and taiko drumming...

John: I love taiko drumming! You know, lots of people go to this festival.

Yumi: It's next weekend. Shall we go?

Akio: Why don't we all meet there on Sunday?

John: Yeah, sounds great, I definitely want to go! How about you, Kaori? Can you make it?

Kaori: Um...maybe.

【語注】

boss: 上司
not really: まあ、そうだけど（「それほどは」という意味でよく用いられるが、この場面では「たしかに上司だけど（たいしたことありません」というニュアンス）
PR department: 広報部 (PR: Public Relations)

in fact: 実は
article: 記事
Why don't we...?: ～しましょう
definitely: 絶対に、確かに
want to: ～したい
make it: 都合をつけて出る

STEP 4 ▶▶ STEP 2 の解答・解説

STEP 2で行った応答練習の解答と解説です。左ページにあるコア・カンバセーションのスクリプトとあわせて、解答の確認をしましょう。

　質問にうまく答えられましたか？　まずは、一般動詞 のSV、SVOの構造になれてもらうために、4.〜9.の質問では疑問文（次の章であつかいます）ではなく、第1章にも登場したintonation questionで練習をしてもらいました。ここでも、No.の場合は、7.や8.のように、正しい情報を付け加えるとよいでしょう。

【応答練習の解答】

1. Akio and Yumi work in the same department.
   True
2. John works in the PR department.
   False
3. Kaori writes for a magazine.
   False
4. Yumi writes for a magazine?
   Yes. / Yes, she does.
5. John loves taiko drumming?
   Yes. / Yes, he does.
6. John works for the festival?
   No. / No, he doesn't.
7. John works in the PR department?
   No, Akio and Yumi work in the PR department.
8. The Sanja Festival has a circus?
   No, it has a parade. / No, they have a parade.
9. The festival is next weekend?
   Yes. / Yes, it is.

【応答練習の訳】

1. AkioとYumiは同じ部署で働いています。
   正
2. Johnは広報部で働いています。
   誤
3. Kaoriは雑誌に執筆しています。
   誤
4. Yumiは雑誌に執筆していますか？
   はい、そうです。
5. Johnは太鼓の演奏が大好きですか？
   はい、そうです。
6. Akioは祭りの仕事をしていますか？
   いいえ、違います。
7. Johnは広報部で働いていますか？
   いいえ、AkioとYumiが広報部で働いています。
8. 三社祭にはサーカスがありますか？
   いいえ、パレードがあります。
9. お祭りは1週間後ですか？
   はい、そうです。

STEP 5 ▸▸ 自分のことをスピーキング！

これからの質問は、自分自身についてのものです。自分のことにあてはめて、答えてください。

Application 1 ■ file_019

次の質問にYes / Noで答えてください。最初はYes / Noだけで答えればOKですが、慣れてきたら、Yes / Noなどの後にひとこと付け加えてみましょう。うまく答えられなかった質問には、解答例（p.41）を参考にしながら、自分なりの答えを考えてみてください。

1. (   )
2. (   )
3. (   )
4. (   )
5. (   )
6. (   )
7. (   )
8. (   )

Application 2

次の例にしたがって、自分の自己紹介のパターンを作成しましょう。

（例）

Hi, my name is Akio Murata.

I work in the PR department.

What about yourself?

◆自分の自己紹介②

Hi, my name is (   ),

I work (   ).

What about yourself?

STEP 6 ▸▸ STEP 5 の解答例と解説

　ここでも、まだ一般動詞の疑問文を練習していないので、intonation question を使っています。インフォーマルな表現なので、注意してください。

　一般動詞の現在形を使った疑問文に答えるときに、自分（I）が主語の場合は do 、第3者で単数（father、mother、friend）の場合は does、第3者で複数（friends、parents）の場合は do になります。まあ、大変だったら、Yes. / No. だけで答えておけばいいですが、できたら Yes, I do. や Yes she does. まで言ってみましょう。また、She lives... などの3人称単数現在の -s に注意しながら、新しい情報を付け加えてみましょう。

【Application 1 の解答例】

1. You work in a company?
   Yes, I do. I work in a bank / I work for a trading company.
   No, I don't.
2. You go to work on Sundays?
   Yes, I do.
   No, I don't go to work on Sundays.
3. Your mother goes to Karaoke every week?
   Yes, she does.
   No, she doesn't like Karaoke very much.
4. Your father likes rock music?
   Yes, he does.
   No, he doesn't like rock music. He likes pop music.
5. You write a blog?
   Yes, I do. I write about my daily life.
   No, I don't. It doesn't interest me.
6. You live in Tokyo?
   Yes, I do.
   No, I live in Sendai.
7. You like winter sports?
   Yes, I do.
   No, I don't like winter sports. I like summer sports, such as surfing and athletics.
8. Your mother lives in Tokyo?
   Yes, she does.
   No, she lives in Nagoya.

【Application1 の訳】

1. あなたは会社で働いていますか？
   はい、そうです。銀行で働いています。／商社で働いています。
   いいえ、働いていません。
2. 日曜日に仕事に行きますか？
   はい、そうです。
   いいえ、日曜日は仕事に行きません。
3. あなたの母親は、毎週カラオケに行きますか？
   はい、行きます。
   いいえ、母はカラオケがそれほど好きではありません。
4. あなたの父親は、ロック音楽が好きですか？
   はい、好きです。
   いいえ、ロック音楽は好きではありません。
   父はポップ・ミュージックが好きです。
5. ブログを書いていますか？
   はい、自分の日常生活について書いています。
   いいえ、書いていません。興味がわきません。
6. 東京に住んでいますか？
   はい、そうです。
   いいえ、仙台に住んでいます。
7. 冬のスポーツは好きですか？
   はい、好きです。
   いいえ、冬のスポーツは好きではありません。サーフィンやアスレチックのような、夏のスポーツが好きです。
8. あなたの母親は、東京に住んでいますか？
   はい、そうです。
   いいえ、名古屋に住んでいます。

第4章 否定文と疑問文

否定文と疑問文は、会話では欠かせない文法です。ここでは一般動詞の否定文と疑問文に慣れていきましょう。"not"を付けるだけでよかったbe動詞の場合と違って、助動詞のdoやdoesが必要になるのがポイントです。

STEP 1 ▸▸ コア・カンバセーションのリスニング

コア・カンバセーション 4

三社祭をみんなで見物

Normal file_020 / Slow file_021

●登場人物
Kaori Takahashi / John Morita / Yumi
Watanabe / Maria Nelson / Paul Anderson

●シーンの説明
三社祭の会場で、John、Kaori、Yumiの3人は、MariaからボーイフレンドのPaulを紹介される。Kaoriはお祭りが嫌いで踊りも苦手とのことだが、Mariaによればフラの教室に通っているらしい。

コア・カンバセーションを聞いてください。また、次の表現が聞こえたら、□にチェックを入れましょう。

☐ **What happened...?**
☐ **Did you take...?**
☐ **Kaori doesn't like...**
☐ **How do you like...?**

　上記の4つの表現は聞き取れましたか？　言うまでもなく、SVやSVOなどの一般動詞の疑問文は「助動詞Do +主語+動詞原形（例：Dou you like... ?）となります。どこ（where）、だれ（who）、どのように（how）など、5W1Hを聞く疑問文はwhere、who、howなどの疑問詞が文頭に来て、普通は「疑問詞+ do +主語+動詞原形」となります。（ただし、例外として、whatやwhoなどが文の主語の場合はdo が不要です（例：Who came?）。

　一般動詞の否定文もdoが必要で、「主語+助動詞do + not +動詞原形（I do not believe him.）のようになります。こちらは例外がなく、do notがdon'tのように短縮されることも多いです。また、ご存知のように、疑問文でも否定文でもdoはdid（過去）、does（主語が単数）と形を変えます。助動詞doのような形式は日本語にはないのでちょっと面倒ですが、自動的に使えるように慣れていきましょう。

STEP 2 ▸▸ コア・カンバセーションの応答練習

　コア・カンバセーションを何度も聞いて、だいたい内容が理解できたら、次の各質問に答えてください。

Question 1　file_022

　音声を聞いて、次の1.～3.の文の内容がコア・カンバセーションの内容にあっている場合にはTrue、間違っている場合にはFalseで答えてください（答えを口に出して言ってから、かっこに記入しましょう。以下も同様の手順で行ってください）。

1. (　　　　　　　)
2. (　　　　　　　)
3. (　　　　　　　)

Question 2　file_023

　音声を聞いて、Yes / No で質問に答えてください。Yesの場合はYes.だけでOKですが、No.の場合はできれば続けて正しい答えも言ってください。

4. (　　　　　　　　　　　　)
5. (　　　　　　　　　　　　)
6. (　　　　　　　　　　　　)

Question 3　file_024

　STEP 1のコア・カンバセーションをもう一度聞きましょう。次に音声を聞いて、質問に答えてください。

7. (　　　　　　　　　　　)
8. (　　　　　　　　　　　)
9. (　　　　　　　　　　　)

STEP 1のコア・カンバセーションのトランスクリプションです。語注も参考にしながら、内容を確認してください。（訳は*p.*61）

Kaori: I'm sorry I'm late.

John: What happened, Kaori?

Kaori: I took the wrong train...

John: What did you say? Did you take the wrong train line?

Kaori: No, I went in the wrong direction. Sometimes I don't...um...pay attention.

Yumi: I'm surprised. Kaori doesn't like Japanese festivals.

Kaori: Well...sometimes they're okay.

Maria: Kaori, this is Paul, my boyfriend. He never misses the Sanja Festival.

Paul: Nice to meet you, Kaori. Look—they're doing an interesting dance.

Kaori: It looks difficult. I'm not a good dancer.

Maria: I don't believe you! Kaori takes hula classes, you know.

John: Really? How do you like the classes?

Kaori: They're good and... Oh, look! There's Akio!

【語注】

wrong: 間違った
direction: 方角、方向、道順
um: えーと（言葉が出てこないときに、時間稼ぎとして使える。コミュニケーション・スト

ラテジーのひとつ。p.103 参照）
pay attention: 注意を払う
miss: 〜し損なう、〜がいなくて寂しい

STEP 4 ▶▶ STEP 2 の解答・解説

STEP 2 で行った応答練習の解答と解説です。左ページにあるコア・カンバセーションのスクリプトとあわせて、解答の確認をしましょう。

4. ～ 6.は、（be動詞ではない）一般動詞のYes-No疑問文です。一般動詞のYes-No疑問文の答え方も、be 動詞と同様いくつかあります。Does he work hard? の答え方を例にパターンを示すと、以下のようになります。

① Yes. / No.

② Yes, he does. / No, he does not.

③ Yes, he works very hard. / No, he doesn't work at all.

④ Yes, he does. He works very hard. / No, he does not. He doesn't work at all.

たとえば、4.や5.の答え方の例は、③のパターン、すなわち、Yes. / No.に新しい情報を文で付け加えるというものです。新しい情報を付け加えると会話もスムーズにいくので、なるべく何か付け加えてみましょう。

Wh-疑問文の方は、くだけた会話では聞かれた一番大事な情報だけを言っておけば十分です。

【応答練習の解答】

1. Kaori likes Japanese festivals.
   False
2. Paul sees an interesting dance.
   True
3. Kaori takes hula classes.　True
4. Does Kaori like Japanese festivals?
   No. / No, she doesn't. But sometimes they're OK.
5. Does Maria take hula classes?
   No. Kaori takes hula classes.
6. Does Paul always go to the Sanja festival?
   Yes. / Yes, he does.
7. Who joins everyone at the end?
   (It's) Akio.
8. How does Kaori like the hula classes?
   They're good.
9. Who is Maria's boyfriend?
   (It's) Paul.

【応答練習の訳】

1. Kaori は日本の祭りが好きです。　誤
2. Paul はおもしろい踊りを目にします。　正
3. Kaori はフラダンスの教室に通っています。正
4. Kaori は日本の祭りが好きですか？
   いいえ。／いいえ、彼女は好きではありません。でも、悪くないときもあります。
5. Maria はフラダンスの教室に通っていますか？
   いいえ。Kaori がフラダンスの教室に通っています。
6. Paul はいつも三社祭に行きますか？
   はい。／はい、彼は行きます。
7. だれが最後にみんなの中に加わりますか？
   （それは）Akio です。
8. Kaori はどれくらいフラ教室を気に入っていますか？
   素晴らしいと思っています。
9. Maria のボーイフレンドはだれですか？
   （それは）Paul です。

STEP 5 ▸▸ 自分のことをスピーキング！

これからの質問は、自分自身についてのものです。自分のことにあてはめて、答えてください。

Application 1　file_025

次の質問に答えてください。最初は必要最低限の情報（At home. や Italian food. など）を答えればOKですが、慣れてきたら文の形で答えましょう。うまく答えられなかった質問には、解答例（p.47）を参考にしながら、自分なりの答えを考えてみてください。

1. (　　　　　　　　　　　　　　　　　)
2. (　　　　　　　　　　　　　　　　　)
3. (　　　　　　　　　　　　　　　　　)
4. (　　　　　　　　　　　　　　　　　)
5. (　　　　　　　　　　　　　　　　　)
6. (　　　　　　　　　　　　　　　　　)
7. (　　　　　　　　　　　　　　　　　)
8. (　　　　　　　　　　　　　　　　　)

Application 2

次の空欄を埋めて、質問文を完成させましょう。

Q: Where (　　　　　　　　　　　　　　　)?
A: I live in Tokyo

Q: What (　　　　　　　　　　　　　) on Sundays?
A: I usually go shopping on Sundays.

Q: How (　　　　　　　　　　　　　　　)?
A: I go to karaoke once a week.

STEP 6 ▸▸ STEP 5 の解答例と解説

　Application 1 の質問にはうまく答えられましたか？　ここでは疑問詞（what、who、where、how など）を使った疑問文で、「自分が日常的にやっていること」についていろいろ質問しました。実はこれが「一般動詞の現在形の一番典型的な使い方」で、習慣的事実について話す場合に使われるのです。うまく答えられなかった人は、自分がいつも習慣的にするようなことを英語でなんと言うか、考えておきましょう。

【Application 1 の解答例】

1. Where do you study English?
   I study English at home. / I study English at school. / I go to an English class.
2. Where do you go on holiday?
   I visit Asian countries.
3. What do you do in your free time?
   I go to art galleries.
4. What time do you usually get up on Sunday?
   I usually get up around noon. / I usually get up at 10am.
5. How often do you go to the movies?
   At least once a month.
6. Where do you exercise?
   I exercise at a gym.
   I don't exercise.
7. What do you usually do on Sundays?
   I read books. / I watch TV.
8. What do you usually eat for lunch?
   I usually eat Italian food for lunch.

【Application 2 の解答例】

Q: Where (do you live)?
Q: What (do you do) on Sundays?
Q: How (often do you go to karaoke)?

【Application 1 の訳】

1. あなたはどこで英語を勉強しますか？
   私は家で英語を勉強します。／私は学校で英語を勉強します。／私は英語学校に通っています。
2. あなたは休暇にどこに行きますか？
   私はアジア諸国を訪れます。
3. あなたはひまなときには何をしますか？
   私は美術館に行きます。
4. あなたは普段、日曜日に何時に起きますか？
   私は普段、お昼ごろに起きます。／私は普段、午前 10 時に起きます。
5. あなたはどれくらい映画館に行きますか？
   少なくとも 1 カ月に一回。
6. あなたはどこで運動しますか？
   私はジムで運動します。
   私は運動しません。
7. あなたは普段、日曜日に何をしますか？
   私は読書をします。／私はテレビを見ます。
8. あなたは普段、昼食に何を食べますか？
   私は普段、昼食にイタリア料理を食べます。

第5章 過去形

ある程度コミュニケーションがとれるようになった相手とは、現在の話だけではなく、自分や相手の経歴など過去の話題についても話す機会が出てきます。そのためには、疑問文も含めて、過去形をうまく使いこなす必要があります。

STEP 1 ▸▸ コア・カンバセーションのリスニング

コア・カンバセーション 5

Normal file_026 / Slow file_027

会社近くのレストランで

●登場人物
John Morita / Kaori Takahashi / Akio
Shinkawa / Maria Nelson

●シーンの説明
John、Kaori、Maria、Akio の4人は、会社近くのレストランで談笑している。話題はおもに John の大学および大学での専攻、それから Kaori の大学の学位論文について、そして日本とハワイの文化へと広がっていく。

コア・カンバセーションを聞いてください。また、次の表現が聞こえたら、□にチェックを入れましょう。

□ I went to...
□ I transferred to...
□ Why did you...?
□ I was interested in...
□ What was your...?

上記の5つの表現は聞き取れましたか？　ご存知のように、一般動詞の過去形には go → went、come → came のような不規則過去と、walk → walked、transfer → transferred のように -ed をつける規則過去があります。一方、be 動詞の方は、主語が単数なら was、主語が you もしくは複数なら were で OK です。do は、一般動詞でも、助動詞でも did になります。used to... は、過去の習慣（昔よく……した）という意味を表すイディオムです。これもわりとよく使われます。

STEP 2 ►► コア・カンバセーションの応答練習

　コア・カンバセーションを何度も聞いて、だいたい内容が理解できたら、次の各質問に答えてください。

Question 1 　file_028

　音声を聞いて、次の1.〜3.の文の内容がコア・カンバセーションの内容にあっている場合にはTrue、間違っている場合にはFalseで答えてください（答えを口に出して言ってから、かっこに記入しましょう。以下も同様の手順で行ってください）。

　1.（　　　　　　　　　　）
　2.（　　　　　　　　　　）
　3.（　　　　　　　　　　）

Question 2 　file_029

　音声を聞いて、Yes / No で質問に答えてください。Yesの場合はYes.だけでOKですが、No.の場合はできれば続けて正しい答えも言ってください。

　4.（　　　　　　　　　　　　　　　　）
　5.（　　　　　　　　　　　　　　　　）
　6.（　　　　　　　　　　　　　　　　）

Question 3 　file_030

　STEP 1のコア・カンバセーションをもう一度聞きましょう。次に音声を聞いて、質問に答えてください。

　7.（　　　　　　　　　　　　　　　　）
　8.（　　　　　　　　　　　　　　　　）
　9.（　　　　　　　　　　　　　　　　）

STEP 1のコア・カンバセーションのトランスクリプションです。語注も参考にしながら、内容を確認してください。（訳は *p.*62）

John: I used to go to a nice restaurant like this when I was in college.

Kaori: Where did you go to university?

John: I went to the University of Hawaii for two years. Then I transferred to San Jose State University in California.

Akio: Why did you transfer?

John: I was interested in the IT industry in Silicon Valley, and I wanted to go some place new.

Maria: And you ended up in Japan!

John: Yeah. My grandma's from Aomori. I always wanted to come to Japan.

Kaori: But Hawaii is so warm and beautiful. It's like heaven.

John: It's nice, but...you should appreciate Japanese culture, too, Kaori. By the way, what was your major?

Kaori: Anthropology. I wrote my BA thesis on ancient hula.

John: Wow. That sounds interesting. I don't know much about hula.

Kaori: You should appreciate Hawaiian culture, John.

John: Um...right.

【語注】

transfer: 転校する、転勤する、移転する
industry: 業界、産業
end up: 結局……になる
appreciate: ～のよさを理解する、～に感謝する、～評価する

anthropology: 人類学
BA: (Bachelor of Arts) 文学士（号）
thesis: 学位論文（BA thesis で卒論）
ancient: 古代の

STEP 4 ▶▶ STEP 2 の解答・解説

　STEP 2 で行った応答練習の解答と解説です。左ページにあるコア・カンバセーションのスクリプトとあわせて、解答の確認をしましょう。

　過去形の質問にうまくこたえられましたか？　過去形は頭でわかっていてもなかなか使えない項目です。しかし、意味を伝える上で重要な機能を果たしますので、何度も繰り返し練習して感覚を養ってください。

　なお、この章の練習のターゲットは過去の話ですが、5.のように現在の質問も入っているのは、過去だと決めつけて聞いていると、頭が過去形を処理しなくなってしまうので、逆に過去形の習得に効果が低くなるからです。以下の章でも、その章のターゲットと違う質問が出てきますので、決めつけずに聞いて質問に答えてみてください。このような自然な言語処理を練習して、はじめて本当に使える文法知識が身につくのです。

【応答練習の解答】

1. John was interested in the IT industry.　True
2. John wanted to go somewhere new.　True
3. Kaori's major was economics.　False
4. Did Kaori write her BA thesis on ancient hula?
   Yes. / Yes, she did.
5. Does John know a lot about hula?
   No. / No, he doesn't.
6. Did John go to the University of Hawaii for four years?
   No. He went to the University of Hawaii for two years.
7. Which universities did John go to?
   He went to the University of Hawaii and San Jose State University.
8. What was Kaori's BA thesis on?
   It's ancient hula.
9. Why did John transfer to San Jose State University from the University of Hawaii?
   He was interested in the IT industry.

【応答練習の訳】

1. John は IT 産業に興味がありました。　正
2. John はどこか新しいところに行きたいと思っていました。　正
3. Kaori の専攻は経済学でした。　誤
4. Kaori は古代のフラについて卒業論文を書きましたか？
   はい。／はい彼女は書きました。
5. John はフラダンスのことに詳しいですか？
   いいえ。／いいえ、彼は詳しくありません。
6. John は 4 年間ハワイ大学に通いましたか？
   いいえ。彼は 2 年間ハワイ大学に通いました。
7. John はどの大学に通いましたか？
   彼はハワイ大学とサンノゼ州立大学に通いました。
8. Kaori の卒業論文は何に関するものでしたか？
   それは古代のフラに関するものでした。
9. John はなぜハワイ大学からサンノゼ州立大学に編入しましたか？
   彼は IT 産業に興味がありました。

STEP 5 ▸▸ 自分のことをスピーキング！

これからの質問は、自分自身についてのものです。自分のことにあてはめて、答えてください。

Application 1　 file_031

次の質問に答えてください。最初は必要最低限の情報（Yes. や No. あるいは Pochi. など）を答えればOKですが、慣れてきたら文の形で答えましょう。うまく答えられなかった質問には、解答例（p.53）を参考にしながら、自分なりの答えを考えてみてください。

1. (　　　　　　　　　　　　　　)
2. (　　　　　　　　　　　　　　)
3. (　　　　　　　　　　　　　　)
4. (　　　　　　　　　　　　　　)
5. (　　　　　　　　　　　　　　)
6. (　　　　　　　　　　　　　　)
7. (　　　　　　　　　　　　　　)
8. (　　　　　　　　　　　　　　)

Application 2

次の例にしたがって、自分の Life history を作成してみましょう。

（例）

Hi, my name is John Morita.

I was born in Honolulu in 1983.

I lived in Honolulu from 1983 to 1998 / until I was 15.

I went to the University of Hawaii from 1996 to 1998.

◆自分のバイオグラフィ

Hi, my name is (　　　　　　　　　　　　).

I was born in (　　　　　　　) in (　　　　).

I lived in (　　　　　　　　　　　　).

I went to (　　　　　　　　　) from (　　　) to (　　　).

STEP 6 ▸▸ STEP 5 の解答例と解説

　自分の過去に関しての質問にはうまく答えられましたか？　be 動詞を使った質問には be 動詞の過去形（was / were）、一般動詞を使った質問には、did や walked などの過去形を使って答えるのが普通です。このふたつを自動的に使いこなせるように何度も練習しましょう。ただ、必ずしも同じパターンで答える必要もなく、6.のように、What was... ? と聞かれて、I really enjoyed... と一般動詞で答えることもあります。常識を働かせて、通じる英語を話すように心がけましょう。

【Application 1 の解答例】

1. Was your high school in Tokyo?
   Yes, it was.
   No, it wasn't. It was in Sendai. /
   I'm still in high school.
2. Did you eat breakfast yesterday?
   Yes, I had cereal.
   No, I didn't. I had brunch instead.
3. What did you eat for dinner yesterday?
   I had curry for dinner.
4. What time did you go to bed last night?
   I went to bed around midnight. / I went to bed at 11pm.
5. What was the name of your first pet?
   Pochi.
   I never had a pet.
6. What was your favorite subject at school?
   I really enjoyed geography.
7. What was your major in college?
   I majored in economics.
   I'm still in college. / I'm a high school student.
8. Who was your favorite band 3 years ago?
   My favorite band was Coldplay.

【Application1 の訳】

1. あなたが通っていた高校は東京にありましたか？
   はい、そうでした。
   いいえ。それは仙台にありました。／私はまだ高校生です。
2. あなたは昨日、朝食を食べましたか？
   はい、私はシリアルを食べました。
   いいえ。私はその代わりにブランチを食べました。
3. あなたは昨日、夕食に何を食べましたか？
   私は夕食にカレーを食べました。
4. あなたは昨晩、何時に寝ましたか？
   私は夜中の 12 時ごろに寝ました。／私は午後 11 時に寝ました。
5. あなたの最初の飼ったペットの名前は何でしたか？
   Pochi でした 。
   私はペットを飼ったことがありません。
6. 学校であなたが大好きな科目は何でしたか？
   私は地理が大好きでした。
7. 大学であなたの専攻は何でしたか？
   私は経済学を専攻しました。
   私はまだ大学生です。／私は高校生です。
8. 3 年前にあなたのお気に入りのバンドは何でしたか？
   私のお気に入りのバンドは Coldplay でした。

第6章 5 文型② SVC

SVC という文型は、ややわかりにくいところもありますが、基本的には be 動詞を使った文と似ていて、主語の状況がどうなっているかを表す表現です。ただ、その際にさまざまな動詞を使って、微妙なニュアンスや状態変化などを表すことができます。

STEP 1 ▶▶ コア・カンバセーションのリスニング

コア・カンバセーション 6

Normal file_032 / Slow file_033

John をパーティーに招待

●登場人物
John Morita / Maria Nelson

●シーンの説明
オフィスで John がレポートの作成のことで悩んでいると、Maria が John にアドバイスをしてくれた。さらに Maria は John をパーティーへと誘うが、Kaori のことが気になる John は Kaori がパーティーに来るのかと Maria に質問する。

　コア・カンバセーションを聞いてください。また、次の表現が聞こえたら、□にチェックを入れましょう。

☐ **You look tired...**
☐ **That sounds great!**
☐ **...she seems very interesting.**

　上記の3つの表現は聞き取れましたか？　SVCの表現は主語の状態を表すもので、「be動詞でつないでも意味が通じる」ことが特徴です。上の3つの文も、You are tired... あるいは That's great! や ...she is very interesting. と言っても意味が大きく違ってくることはありません。ただ、それだとあまりにも直接的なので、「～みたいだ、～のようだ」という意味を動詞で添えているのです。また、become や turn などを使った状態変化を表すSVCの文も多く、この章のコア・カンバセーションの中では、"...it goes bad." と使われています。ほかにも、She became sick. や The leaves turned red. など、日常的によく使われます。

54

STEP 2 ▸▸ コア・カンバセーションの応答練習

　コア・カンバセーションを何度も聞いて、だいたい内容が理解できたら、次の各質問に答えてください。

Question 1　file_034

　音声を聞いて、次の 1.〜 3. の文の内容がコア・カンバセーションの内容にあっている場合には True、間違っている場合には False で答えてください（答えを口に出して言ってから、かっこに記入しましょう。以下も同様の手順で行ってください）。

　1.（　　　　　　　　）
　2.（　　　　　　　　）
　3.（　　　　　　　　）

Question 2　file_035

　音声を聞いて、Yes / No で質問に答えてください。Yes の場合は Yes. だけで OK ですが、No. の場合はできれば続けて正しい答えも言ってください。

　4.（　　　　　　　　　　　　　　　）
　5.（　　　　　　　　　　　　　　　）
　6.（　　　　　　　　　　　　　　　）

Question 3　file_036

　STEP 1 のコア・カンバセーションをもう一度聞きましょう。次に音声を聞いて、質問に答えてください。

　7.（　　　　　　　　　　　　　　　）
　8.（　　　　　　　　　　　　　　　）
　9.（　　　　　　　　　　　　　　　）

STEP 1 のコア・カンバセーションのトランスクリプションです。語注も参考にしながら、内容を確認してください。(訳は *p.*62)

> **Maria:** You look tired, John. Do you feel OK?
>
> **John:** Yeah, but my Hawaii market report doesn't look so good.
>
> **Maria:** Let's see... It seems clear and well-organized. But you need more charts.
>
> **John:** That's it! Thanks.
>
> **Maria:** No problem. By the way, I'm going to have a party on the 18th. Would you like to come?
>
> **John:** That sounds great! What's the occasion?
>
> **Maria:** I got my First Level certificate from wine school. It means I know when wine tastes good. And I can tell when it goes bad. Do you like wine?
>
> **John:** Sure—if it tastes good. Uh... will Kaori be there?
>
> **Maria:** Of course. You like Kaori, don't you?
>
> **John:** Well...she seems very interesting. But sometimes she's a bit cool towards me; I'm not sure if she likes me.
>
> **Maria:** Hmm...OK, I'll ask her.
>
> **John:** No! Well...maybe. But don't say I asked you.
>
> **Maria:** Would I do that? Just leave it to me.

【語注】

well-organized: きちんとまとまっている、入念に準備されている
chart: 図

occasion: 記念すべき日
certificate: 証明証、認定書、修了証書
leave it to me: 私にまかせなさい

STEP 4 ▸▸ STEP 2 の解答・解説

　STEP 2 で行った応答練習の解答と解説です。左ページにあるコア・カンバセーションのスクリプトとあわせて、解答の確認をしましょう。

　SVCを使った質問にはうまく答えられましたか？　ここで練習したSVCの質問は、sound good、look nice、feel good、seem interesting など、「状態を表す動詞＋形容詞」のパターンです。実はこのパターンが非常によく使われるので、ひとつのチャンク（まとまり）として使いこなせるようにしていきましょう。

【応答練習の解答】

1. John looks tired.
   True
2. From Maria's point of view, John's report seems clear and well-organized.
   True
3. John likes wine if it tastes good.
   True
4. Did John look tired?
   Yes. / Yes, he did.
5. Does Kaori seem interesting to John?
   Yes. / Yes, she does.
6. Did John get his certificate from wine school?
   No. Maria got her certificate from wine school.
7. How does John feel?
   He feels OK.
8. What does John say about his report?
   It doesn't look so good.
9. Is the party on the 19th?
   No, it's on the 18th.

【応答練習の訳】

1. John は疲れているようです。
   正
2. Maria の見たところでは John のレポートはわかりやすくて、よくまとまっているようです。
   正
3. John はおいしいワインなら好きです。
   正
4. John は疲れているようでしたか？
   はい。／はい、彼は疲れているようでした。
5. Kaori は John に興味深いと思われていますか？
   はい。／はい、彼女は思われています。
6. John はワインスクールから認定書を取得しましたか？
   いいえ。Maria がワインスクールから認定書を取得しました。
7. John はどんな気分ですか？
   彼は気分が良いです。
8. John はレポートに関して何と言っていますか？
   それはあまりうまく仕上がっていないように見えます。
9. そのパーティーは 19 日にありますか？
   いいえ、それは 18 日にあります。

STEP 5 ▸▸ 自分のことをスピーキング！

これからの質問は、自分自身についてのものです。自分のことにあてはめて、答えてください。

Application 1　█ file_037 █

次の質問に答えてください。最初は必要最低限の情報（Yes. や No. など）を答えればOKですが、慣れてきたら、さらにひとこと付け加えてみましょう。うまく答えられなかった質問には、解答例（p.59）を参考にしながら、自分なりの答えを考えてみてください。

1. (　　　　　　　　　　　　　　　　　)
2. (　　　　　　　　　　　　　　　　　)
3. (　　　　　　　　　　　　　　　　　)
4. (　　　　　　　　　　　　　　　　　)
5. (　　　　　　　　　　　　　　　　　)
6. (　　　　　　　　　　　　　　　　　)
7. (　　　　　　　　　　　　　　　　　)
8. (　　　　　　　　　　　　　　　　　)

Application 2

次の例にしたがって、自分の身の回りのものについてコメントしてみましょう。

（例）

My watch looks stylish.

My cell phone looks outdated.

My room looks messy.

My computer looks strange and it doesn't work properly.

◆自分の身の回りのもの

My watch looks (　　　　　　　　　　　　　　).

My cell phone looks (　　　　　　　　　　　　).

My room looks (　　　　　　　　　　　　).

My (　　　　　　　) looks (　　　　　　　　　　　　　　).

Step 6 ▸▸ STEP 5 の解答例と解説

　一般動詞を使う SVC の文型では、普通の be 動詞の文に比べて、もう少しいろいろなニュアンスを添えることができます。That's great. と That sounds great. を比べると、sound を使った文の方がやわらかく、断定的でない言い方になります。ですから、会話で柔らかく気持ちを伝えたいときにはよく使います。うまく使えば非常に英語らしく聞こえる文型なので、意識して使いこなせるようにしましょう。なお、一般動詞を使う SVC の質問に答える場合は、Yes, I am. ではなく、Yes, I do. になります。

【Application 1 の解答例】

1. Do you feel tired during the week?
   Yes, I do.
   No, I don't.
2. Do you feel happy on Friday nights?
   Yes, I do. The weekend is here!
   No, I don't.
3. Do you feel good after a hot shower?
   Yes, I do. I feel refreshed.
   No, I don't.
4. Does your father seem proud of you?
   Yes, he seems proud of me.
   No, he doesn't.
5. Do you feel proud of your father?
   Yes, I do.
   No, I don't.
6. Do you feel sleepy in the morning?
   Yes, I do.
   No, I don't.
7. Do you feel comfortable in your bed?
   Yes, I do.
   No, I don't.
8. Does your instrument sound nice?
   Yes, it does.
   No, my guitar strings aren't great. / I don't have any musical instruments.

【Application1 の訳】

1. あなたは 1 週間の間、疲れていますか？
   はい、そうです。
   いいえ、そうではありません。
2. あなたは金曜日の夜、うれしいですか？
   はい。週末がやってきました！
   いいえ。
3. あなたは熱いシャワーのあと、気持ちいいですか？
   はい。私はすっきりした気分です。
   いいえ、そうでもありません。
4. あなたのお父さんはあなたのことを誇りに思っているように見えますか？
   はい、父は私のことを誇りに思っているようです。
5. あなたは父親を誇りに思いますか？
   はい、思います。
   いいえ、思いません。
6. あなたは朝、眠いですか？
   はい、眠いです。
   いいえ、眠くはありません。
7. あなたはベッドにいると快適ですか？
   はい、快適です。
   いいえ、快適ではありません。
8. あなたの楽器はいい音がでますか？
   はい、でます。
   いいえ、私のギターの弦はよくありません。
   ／私は楽器を持っていません。

いいえ、そうではありません。

第1章から第6章のコア・カンバセーションの訳

【第1章のコア・カンバセーションの訳】

John: あの、すみません……。英語話せますか？
Kaori: 少しなら。
John: John Morita といいます。新人です。今日が初日なんです。
Kaori: そうなんですか。ようこそ。Takahashi Kaori です。
John: はじめまして、Kaori さん。あの、コピー機のことで教えてもらえませんか？
Kaori: いいわ。簡単よ。ここに紙を置いて。そして、これが、ええと……スタート
ボタン。
John: ありがとう。すみません……日本語はダメです。
Kaori: そんなことないわ！　お、音はとても自然よ。
John: 発音なら大丈夫かも。ところで、僕はアメリカ──のホノルル出身なんです。
Kaori: ホノルルですって？　とてもうらやましいわ。ハワイは私のお気に入りの場
所なの。
John: ああ、そうなんだ。ええと……
Kaori: あ、電話だわ。ごめんなさい。
John: 本当にありがとう。うん、いい人だ。

【第2章のコア・カンバセーションの訳】

Kaori: こんにちは、John。初日はどう？　問題はない？
John: うん。それよりこのコーヒーメーカーが壊れてると思うんだけど。これがス
タートボタン？
Kaori: そうよ。でも、最初に……ええと、なんて言うんだっけ？
John: コンセントに挿さないとね。ふぅ……ごめん。機械は苦手なんだ。
Kaori: そのようね。大丈夫よ。あの、ここでは何の仕事を？
John: コンピューターのプログラマーなんだ。
Kaori: 本当にコンピュータープログラマーなの？
John: 冗談だよ。海外マーケティング部門にいるんだ。君は？
Keiko: 私は、その……ソフトウェアアナリストよ。
John: へぇ。すごいね。ところで、Kaori は、どこの出身なの？
Kaori: 宮城県の仙台よ。あまり面白くないところだわ。
John: そんなことないって！　それが真の日本なんだから。おや、コーヒーができ
たよ。飲む？
Kaori: いただくわ。ありがとう。

【第3章のコア・カンバセーションの訳】

Kaori: こんにちは、John。Maria を知っているわよね？

John: うん。僕の上司だから。

Maria: ええと、それはそうだけど。こっちが Akio で、こちらが Yumi。ふたりは同じ部署で働いているの。

Akio: はじめまして、John。SenSoft へようこそ。僕は広報部にいるんだ。

Yumi: 私は会社のウェブサイトを制作しているの。

Kaori: Yumi は雑誌にも書いているのよ。

John: そうなんだ？　何を書いてるの？

Yumi: 東京のイベントね。実は三社祭について書いたばかりなの。

Maria: 浅草の有名なお祭りね。パレードや踊りや太鼓の演奏があって……。

John: 僕は太鼓が大好きなんだ！　このお祭りにはたくさんの人が参加するんだね。

Yumi: 来週末よ。行かない？

Akio: 日曜日、みんな向こうで集まろうよ。

John: うん、いいね、絶対に行くよ！　Kaori は？　行ける？

Kaori: うん……たぶん。

【第4章のコア・カンバセーションの訳】

Kaori: 遅くなって、ごめんなさい。

John: Kaori、何があったんだい？

Kaori: 電車を間違えちゃって。

John: 何だって？　違う線に乗ったの？

Kaori: 違うの。逆方向へ行っちゃったの。不注意なときがあるのよね。

Yumi: びっくりしたわ。Kaori って、日本のお祭り好きじゃなかったから。

Kaori: うーん、まあ悪くないときもあるから。

Maria: Kaori、こちらが Paul。私の彼氏。三社祭には必ず行ってるのよ。

Paul: はじめまして、Kaori。見て──みごとな踊りを踊っているよ。

Kaori: 難しそう。踊りは得意じゃないから。

Maria: そんなことないでしょ！　Kaori はフラ教室に通っているんだし。

John: そうなんだ。フラ教室はどんな感じ？

Kaori: いいわよ、それに……あ、見て。Akio よ。

【第5章のコア・カンバセーションの訳】

John: 大学にいたころは、ここみたいないい感じのレストランによく行ったなぁ。
Kaori: 大学はどこに行ってたの？
John: ハワイ大学に2年間行ったんだ。それから、カリフォルニアのサンノゼ州立大学に転入したんだ。
Akio: なんで転入したの？
John: シリコンバレーのIT業界に興味があってね。どこか新しいところへ行ってみたくて。
Maria: それで、しまいには日本にまで来ちゃったのね！
John: そうだよ。僕のおばあちゃんは青森出身なんだ。僕はずっと日本に来たかったんだ。
Kaori: でも、ハワイは暖かくて美しいわ。天国みたい。
John: いいところだよ。でも……君は日本の文化も評価すべきだよ、Kaori。ところで、専攻は何だったの？
Kaori: 人類学。古代のフラについて卒論を書いたの。
John: へぇ。おもしろそうだね。フラについてはよくわからないんだ。
Kaori: あなたはハワイの文化を評価すべきだわ、John。
John: あぁ……そうだね。

【第6章のコア・カンバセーションの訳】

Maria: 疲れてるように見えるけど、John。大丈夫？
John: ああ。でも、ハワイのマーケットレポートがうまくいかなくて。
Maria: どれ……きれいによくまとまっているわ。でも、もっと図が必要ね。
John: それだ！　どうも。
Maria: いえいえ。ところで、18日にパーティーがあるの。来てくれる？
John: いいね。何の記念日なの？
Maria: 私がワインスクールで1級の認定証をもらったのよ。だから、飲みごろについて知っているし、味が落ちたらわかるのよ。ワインは好き？
John: うん──おいしければ。ええと……Kaoriはくるの？
Maria: もちろん。Kaoriのこと好きなんでしょ？
John: ええと、彼女はとても気になるよ。でも、僕に対してはちょっと冷たいときもあるんだ。彼女が僕のことを好きなのかどうかはわからない。
Maria: ふぅん、じゃあ、私が彼女に聞いてあげる。
John: やめてくれ！　いや……いいかも。でも、僕が頼んだことは言わないでよ。
Maria: そんなことすると思う？　まぁ、まかせて。

コミュニケーション・ストラテジーを使う①

　英語を話しているとき、いろいろな場面でコミュニケーション上の問題が起こります。相手の言っていることがわからない、単語が出てこなくて沈黙が続く、知らないトピックなので、会話に参加できない、など、いろいろです。このようなときに、どうやって対処したらよいのでしょうか。このように、外国語で話しているときに起こった問題にうまく対処する方策のことを「コミュニケーション・ストラテジー」と呼び、第二言語習得の分野でいろいろ研究が行われています。本書では３回にわけて、どのようにコミュニケーション・ストラテジーを使えばいいか紹介します。コミュニケーション・ストラテジーを使うと、話すときのストレスが確実に下がりますので、ぜひ積極的に使ってみてください。

別のことばで言い換える

　言いたい単語が思いつかないという問題には、いろいろな対処方法があります。まず、別の簡単な表現で言い換える「パラフレーズ」が役に立ちます。たとえば、「ごみばこ」を指すことば (trash bin) がわからなかったら、the box where you throw things awayなどといえば、だいたい相手は推測してくれます。

　また、「あたらずとも遠からず」の、似たような単語で言うのも有効です。例えば「教授」、と言いたいときにその単語 (professor)がわからなかったら、teacherと言っておけば十分です。

相手に聞く

　相手が日本語もある程度わかる人だったら、What's the word for *gomibako*? What do you call *gomibako* in English?などと言って、聞いてしまうこともできます。

表現がわからないことを相手に伝える

　なお、上のようなストラテジーを使うときには、What do you call it? / I don't know the right word (for it). / What's the word?などと言って、単語が思い出せない、わからないことを伝えれば、相手も推測しようと努力してくれます。

第7章 5文型③ SVOC

SVOCという文型は、やっかいなイメージがありますが、それほど複雑ではありません。基本的にはSV[OC]と考えれば大丈夫です。つまり、主語が何かをして、[OがCである／をする] という状況を作り出したり、そうとらえたりしている、ということです。

STEP 1 ▸▸ コア・カンバセーションのリスニング

コア・カンバセーション 7

Normal file_038 / Slow file_0039

会社からの帰り道

●登場人物
Kaori Takahashi / Maria Nelson / John Morita

●シーンの説明
オフィスを出たKaoriとMariaは、会話をしながら歩いて帰ることに。話題がJohnのことになると、MariaがKaoriにJohnのことをどう思っているのか尋ねる。Kaoriが返答に戸惑っていると……。

コア・カンバセーションを聞いてください。また、次の表現が聞こえたら、□にチェックを入れましょう。

☐ **They set the air conditioning too high.**
☐ **Warm weather makes me happy.**
☐ **He finds you interesting.**
☐ **I see him looking at you...**

　SV[OC]の文は、「主語＋動詞＋ [目的語＋補語]」で構成されますが、目的語と補語をひとつのまとまりとして考えるのがポイントです。文の中のさらに小さな文があると考えてもいいでしょう。まず[OがCである]という状況をVがつくり上げる、という用法があります。上記の最初のふたつの文はこのパターンです。最初の文であれば、[air conditioningがtoo highである状況] にsetする、ということです。これが状態変化を表すSV[OC]で、set、make、haveなどの動詞で使います。

　次に、「[OがCである] と思う、考える」などの思考系SVOCがあります。上記の3つ目の文は「Johnが [youがinterestingである]とfind する」ということです。

　また、知覚系の動詞を使ったSV[OC]もよく使われます。I see [John looking at you.]は、「[John がlooking at you]をみる」ということで、同様に理解できます。

STEP 2 ▸▸ コア・カンバセーションの応答練習

コア・カンバセーションを何度も聞いて、だいたい内容が理解できたら、次の各質問に答えてください。

Question 1　file_040

音声を聞いて、次の1.〜3.の文の内容がコア・カンバセーションの内容にあっている場合にはTrue、間違っている場合にはFalseで答えてください（答えを口に出して言ってから、かっこに記入しましょう。以下も同様の手順で行ってください）。

1. (　　　　　　　　)
2. (　　　　　　　　)
3. (　　　　　　　　)

Question 2　file_041

音声を聞いて、Yes / No で質問に答えてください。Yesの場合はYes.だけでOKですが、No.の場合はできれば続けて正しい答えも言ってください。

4. (　　　　　　　　　　　　　)
5. (　　　　　　　　　　　　　)
6. (　　　　　　　　　　　　　)

Question 3　file_042

STEP 1のコア・カンバセーションをもう一度聞きましょう。次に音声を聞いて、質問に答えてください。

7. (　　　　　　　　　　　　)
8. (　　　　　　　　　　　　)
9. (　　　　　　　　　　　　)

STEP 3 ▸▸ コア・カンバセーションの確認

STEP 1のコア・カンバセーションのトランスクリプションです。語注も参考にしながら、内容を確認してください。（訳は p.100）

Kaori: I love warm summer evenings, don't you, Maria?

Maria: Yeah. It's so cold in the office. They set the air conditioning too high.

Kaori: Warm weather makes me happy. I feel like I'm in Honolulu.

Maria: I find Tokyo and Honolulu very similar.

Kaori: Really? Oh, you're making fun of me—like John. He thinks I'm a...um...airhead?

Maria: No way! I see him looking at you sometimes. He finds you interesting. He also considers you mysterious and deep. So, uh, what do you think of John?

Kaori: Well...why do you ask?

Maria: John asked me to.

Kaori: Really? He did?

John: Hey, you two. Can I walk with you to the station?

Kaori: Uh...I'm sorry...I have to stop at this convenience store. Bye!

Maria: Aw, her face turned red. She likes you!

【語注】

set the air conditioning too high: エアコンの設定を強くしすぎる（つまり、設定温度を下げて強く冷やすこと）。Application 1 にある set your air conditioning at low temperature（エアコンの設定温度を低くする）と同じ意味。
similar: 似ている

make fun of...: …のことをからかう
airhead: まぬけ、空っぽの頭
No way!: あり得ない（強く否定する、くだけた表現）
mysterious: 神秘的な
deep: （人間的に）奥が深い

STEP 4 ▸▸ STEP 2 の解答・解説

　STEP 2 で行った応答練習の解答と解説です。左ページにあるコア・カンバセーションのスクリプトとあわせて、解答の確認をしましょう。

　SVOC の文にはうまく答えられましたか？　SV[OC] の文は、[O+C] の O が C に対する主語の関係になっています。S という文全体の主語とあわせて、登場人物がふたり（ふたつ）になるので、それだけ複雑です。最初は、Yes. / No. だけで答えれば十分ですが、できれば、完全な文で答えてみましょう。また、何度か練習して、最終的には、どの質問も完全な文で答えられるようにするといいでしょう。ただし、その際、何度もスキットを聞いてください。聞くことをせずに、答えだけ暗記して言えるようになっても、それは本当の意味での言語能力ではありません。

【応答練習の解答】

1. They set the air conditioning too high.　True
2. Cold weather makes Kaori happy.　False
3. Maria sees John looking at Kaori.　True
4. Does John seem to like Kaori? Yes, he does!
5. Does Maria sometimes see Paul looking at Kaori?
   No, she sometimes sees John looking at Kaori.
6. Does Maria find Kaori and John similar?
   No, she finds Tokyo and Honolulu similar.
7. Who considers Kaori mysterious and deep?
   John (does).
8. What makes Kaori happy?
   Warm weather makes Kaori happy.
9. What does Kaori think of John?
   It's not clear, but she probably likes him!

【応答練習の訳】

1. 彼らはエアコンの設定を強くしすぎます。
   正
2. 寒い天気は Kaori をハッピーにします。
   誤
3. Maria は John が Kaori を見ていることに気がついています。　正
4. John は Kaori のことが好きみたいですか？
   はい、彼は好きみたいです！
5. Maria は Paul が Kaori を見ていることにときどき気がつきますか？
   いいえ、彼女は John が Kaori を見ていることにときどき気がつきます。
6. Maria は Kaori と John が似ていると思っていますか？
   いいえ、彼女は東京とホノルルが似ていると思っています。
7. だれが Kaori のことを神秘的で奥深いと思っていますか？
   John（です）。
8. Kaori を喜ばせるものは何ですか？
   温かい天気が Kaori を喜ばせます。
9. Kaori は John のことをどう思っていますか？
   それは明らかになっていませんが、彼女はおそらく彼のことが好きです！

Sᴛᴇᴘ 5 ▸▸ 自分のことをスピーキング！

これからの質問は、自分自身についてのものです。自分のことにあてはめて、答えてください。

Application 1 　file_043

次の質問に答えてください。最初は必要最低限の情報（Yes.やNo.など）を答えればOKですが、慣れてきたら、さらにひとこと付け加えてみましょう。うまく答えられなかった質問には、解答例（p.69）を参考にしながら、自分なりの答えを考えてみてください。

1. (　　　　　　　　　　　　　　　　　　　)
2. (　　　　　　　　　　　　　　　　　　　)
3. (　　　　　　　　　　　　　　　　　　　)
4. (　　　　　　　　　　　　　　　　　　　)
5. (　　　　　　　　　　　　　　　　　　　)
6. (　　　　　　　　　　　　　　　　　　　)
7. (　　　　　　　　　　　　　　　　　　　)
8. (　　　　　　　　　　　　　　　　　　　)

- -

Application 2

次の例にしたがって、空欄を埋めてみましょう。

（例）

My friend often makes me happy.

My father often made my mother angry.

During my childhood, my parents let me take piano lessons.

- My friend often makes me (　　　　　　　　　　).
- My father often made my mother (　　　　　　　　　　).
- During my childhood, my parents let me (　　　　　　　　　　).

STEP 6 ▸▸ STEP 5 の解答例と解説

　SVOCを使った質問は複雑なので、うまく答えるのが難しかったかもしれません。一回目はYes. / No.だけで答え、次は、Yes, I do.やNo, I don't.まで言ってみるとよいでしょう。ここまでで、かなりの質問を聞いているので、V[OC]（たとえばcall [him dad]や make [you sad] など）の単位の感覚がある程度身に付いているはずですから、できたら完全な文で情報を付け加えてみましょう。日本人は質問に「ひとこと」で答えて終わってしまい、会話がはずまないことが多いので、なるべく何か付け加えるという態度が大切です。

【Application 1 の解答例】

1. Do you sometimes make your friends unhappy?
Yes, I do. I'm often late for appointments.
No, I don't.
2. Do you find summer in Japan comfortable?
Yes, I do.
No, I don't. It's too humid.
3. Do you set your air conditioning at low temperature in summer?
Yes, I do. I set it at 23℃.
No, I don't.
4. Do you sometimes see people jogging in your neighborhood?
Yes, I do. They jog in the park near my house.

No, I don't.
5. Did you call you father 'papa' when you were a child?
Yes, I did.
No, I didn't. I called him dad.
6. Does your brother sometimes make you sad?
Yes, he does.
No, he doesn't. / I don't have a brother.
7. Does this book make you tired?
Yes, it does.
No, it doesn't. / It's OK. / It's fun.
8. Do you sometimes notice your husband or boyfriend looking at another woman?
No, I don't. / No, I don't have a boyfriend or a husband.

【Application1 の訳】

1. 友人たちをうんざりさせることがときどきありますか？
はい、あります。よく約束に遅れますから。
いいえ、ありません。
2 日本の夏が快適だと感じますか？
はい、感じます。
いいえ、感じません。非常に蒸し暑いです。
3. 夏にエアコンの設定温度を低くしますか？
はい、します。23度に設定します。
いいえ、しません。
4. 住んでいる地域で人がジョギングしているのを、ときどき見かけますか？
はい、見かけます。私の家の近くの公園内を走っています。
いいえ、見かけません。

5, 子どものころ父親を「パパ」と呼びましたか？
はい、そうでした 。
いいえ。私は彼を父さんと呼びました。
6. あなたの兄弟はときどき、あなたを悲しませますか？
はい、そうです。
いいえ、そうではありません。／私には兄弟がいません。
7. この本を読むと疲れますか？
はい、疲れます。
いいえ、そんなことありません。／大丈夫です。／おもしろいです。
8, 夫やボーイフレンドが別の女性を見ていることにときどき気がつきますか？
はい、そういうことはあります。
いいえ、気がつきません。／いいえ、ボーイフレンドも夫もいません。

第8章 5 文型④ SVOO

SVOO という文型は、目的語（O）がふたつある、いわゆる二重目的構文です。最初の目的語には「人」、次は「もの」がくるのが基本的なパターンです。最初の O が、2番目の O に何かをあげる（=give）のが基本で、実は SVOO の文はほとんどすべて、この意味の延長なのです。

STEP 1 ▸▸ コア・カンバセーションのリスニング

コア・カンバセーション 8

Maria の自宅でパーティー

●登場人物
Maria Nelson / John Morita / Paul
Anderson / Kaori Takahashi

●シーンの説明
Maria のパーティーに呼ばれた John は、誕生日にもらったワインを持参する。Kaori がくると、Maria と Paul は気を利かせて、John と Kaori をふたりきりに。John はこの機会を利用して、Kaori を映画に誘う。

Normal file_044 / Slow file_045

コア・カンバセーションを聞いてください。また、次の表現が聞こえたら、□にチェックを入れましょう。

- □ ...sent me this wine
- □ ...gave her a certificate
- □ ...tell you something
- □ ...send you an email

上記の4つの表現は聞き取れましたか？　だいたいにおいて、この構文を使うと、「主語が何かをすることによって、最初の目的語が、2番目の目的語を所有する」という意味になります。I gave him a book. はまさにそのものずばりですが、I told him a story. のような場合も、story を話したことによって、him は「情報としてこの story を頭に入れて所有する」という比喩的意味があります。つまり所有の移動がおこるわけです。この意味がないものは SVOO として使えません。だから、Open me a beer.（ビールを1本あけてくれ）はオーケーですが、Open me the door.（ドアをあけてくれ）は、英語では使われないのです。

STEP 2 ▶▶ コア・カンバセーションの応答練習

　コア・カンバセーションを何度も聞いて、だいたい内容が理解できたら、次の各質問に答えてください。

Question 1　file_046

　音声を聞いて、次の 1. ～ 3. の文の内容がコア・カンバセーションの内容にあっている場合には True、間違っている場合には False で答えてください（答えを口に出して言ってから、かっこに記入しましょう。以下も同様の手順で行ってください）。

　　1. (　　　　　　　　)
　　2. (　　　　　　　　)
　　3. (　　　　　　　　)

. . . .

Question 2　file_047

　音声を聞いて、Yes / No で質問に答えてください。Yes の場合は Yes. だけで OK ですが、No. の場合はできれば続けて正しい答えも言ってください。

　　4. (　　　　　　　　　　　　　　　　　)
　　5. (　　　　　　　　　　　　　　　　　)
　　6. (　　　　　　　　　　　　　　　　　)

. . . .

Question 3　file_048

　STEP 1 のコア・カンバセーションをもう一度聞きましょう。次に音声を聞いて、質問に答えてください。

　　7. (　　　　　　　　　　　　　　　　　)
　　8. (　　　　　　　　　　　　　　　　　)
　　9. (　　　　　　　　　　　　　　　　　)

STEP 3 ▸▸ コア・カンバセーションの確認

STEP 1 のコア・カンバセーションのトランスクリプションです。語注も参考にしながら、内容を確認してください。（訳は p.100）

Maria: Hi, John! Thanks for coming.

John: No problem, thanks for inviting me. Here, I brought you some wine.

Maria: Wow, Chateau Lalonde! Where did you get it?

John: A friend sent me this wine for my birthday. You know it?

Paul: The wine school gave her a certificate. She's an expert.

Maria: Not yet. Oh, look, John—here's Kaori.

John: Uh, hi, Kaori.

Kaori: Hi. How are you?

Maria: Sit down, you guys. I'll get you some wine. Uh...Paul, I'd like to tell you something.

Paul: Huh? Oh, right. I'll go with you. You two stay here and talk.

John: So, um...how's work?

Kaori: Uh, pretty good. How about you?

John: All right. Would you…um…would you like to…um...go see a movie sometime?

Kaori: Oh. Okay.

Maria: Well, we're back. What were you talking about?

John: Movies. Kaori, I'll send you an email.

【語注】

no problem: いえいえ（相手に感謝されたときに使う表現）
expert: 専門家
would like to...: ～したい

Would you like to...?: ～しませんか？（勧誘の表現。p.88 参照）
go see...: ～を見に行く

72

Step 4 ▸▸ STEP 2 の解答・解説

　STEP 2 で行った応答練習の解答と解説です。左ページにあるコア・カンバセーションのスクリプトとあわせて、解答の確認をしましょう。

　SVOO の質問にはうまく答えられたでしょうか。冒頭の解説でも書いたように、SVOO の文は、O_1 が O_2 を何かをあげて、その結果 O_2 が何かを所有する、という典型的意味を持ちます。

Give	Maria	a certificate
Bring	Maria	Chateau Lalonde
Send	Maria	an email
Tell	Paul	something

　このパターンを聞いたらその意味が自然に浮かぶように、何度も練習してみましょう。

【応答練習の解答】
1. John will send Maria an email.
   False
2. A friend of John's sent him Chateau Lalonde for his birthday.　True
3. Maria would like to tell Paul something.　True
4. Did the wine school give Maria a certificate?
   Yes. / Yes, they did.
5. Did Paul bring Maria Chateau Lalonde?
   No. / No, John did.
6. Did John ask Kaori out to a concert?
   No, he asked her out to a movie.
7. Who sent John the wine for his birthday?
   His friend did.
8. What did the wine school give Maria?
   The wine school gave her a certificate.
9. What did Kaori say to the offer from John?
   She said "OK".

【応答練習の訳】
1. John は Maria にメールを送ります。　誤
2. John の友だちは彼の誕生日に Chateau Lalonde を送りました。　正
3. Maria は Paul に何か言いたいと思っています。　正
4. ワインスクールは Maria に認定書を与えましたか？
   はい。／はい、与えました。
5. Paull は Maria に Chateau Lalonde を持って来ましたか？
   いいえ。／いいえ、John が持って来ました。
6. John は Kaori をコンサートに誘いましたか？
   いいえ、彼は彼女を映画に誘いました。
7. だれが John の誕生日にワインを送りましたか？
   彼の友だちが送りました。
8. ワインスクールは Maria に何を与えましたか？
   ワインスクールは彼女に認定書を与えました。
9. Kaori は John からの申し出に何と言いましたか？
   彼女は「いいわよ」と言いました。

Step 5 ▸▸ 自分のことをスピーキング！

これからの質問は、自分自身についてのものです。自分のことにあてはめて、答えてください。

Application 1 　`file_049`

次の質問に答えてください。最初は必要最低限の情報（Yes. や No. あるいは Mr. Tanaka など）を答えれば OK ですが、慣れてきたら、さらにひとこと付け加えてみましょう。うまく答えられなかった質問には、解答例（p.75）を参考にしながら、自分なりの答えを考えてみてください。

1. (　　　　　　　　　　　　　　　　　　)
2. (　　　　　　　　　　　　　　　　　　)
3. (　　　　　　　　　　　　　　　　　　)
4. (　　　　　　　　　　　　　　　　　　)
5. (　　　　　　　　　　　　　　　　　　)
6. (　　　　　　　　　　　　　　　　　　)
7. (　　　　　　　　　　　　　　　　　　)
8. (　　　　　　　　　　　　　　　　　　)

....

Application 2

次の例にしたがって、自分が今までに人にあげたプレゼントを思い出せるだけ言ってみてください。できたら、何かコメントもつけてみましょう。

（例）

I gave my girlfriend an expensive bag. But she dumped me.

I gave my father a nice tie. He was very happy.

- I gave (　　　　　　　　　　　). (　　　　　　　　　　　　　).
- I gave (　　　　　　　　　　　). (　　　　　　　　　　　　　).
- I gave (　　　　　　　　　　　). (　　　　　　　　　　　　　).
- I gave (　　　　　　　　　　　). (　　　　　　　　　　　　　).

STEP 6 ▸▸ STEP 5 の解答例と解説

　SVOOを使った質問にはうまく答えられましたか？　SVO₁O₂の文には、多くの場合SとO₁というふたりの登場人物がいて、そのふたりの間で何か（O₂）が移動するのです。移動するものは、物だったり、情報だったり、知識だったりします。"give <u>you</u> <u>a present</u>"、"send <u>your friend</u> <u>an email</u>"、"taught <u>you</u> <u>English</u>"のようなパターンで、その意味のつながりや関係が自動的にわかるようにSVOOの構文に慣れていきましょう。

【Application 1 の解答例】

1. Do you usually give your mother a birthday present?
   Yes, I do. I usually buy her a book.
   No, I don't.
2. Did you give your father a present last year?
   Yes, I did.
   No, I didn't. I forgot!
3. Did someone give you a present this year?
   Yes, my sister gave me a nice T-shirt for my birthday.
   No. / No, they didn't.
4. Did you send your friend an email today?
   Yes, I did. I asked him about his vacation.
   No, I didn't.
5. Did you send someone an expensive gift last year?
   Yes, I did.
   No, I didn't.
6. Does your mother sometimes write you a letter?
   Yes, she does.
   No, she doesn't. She prefers to use phone.
7. Who taught you English in junior high school?
   Mr. Tanaka and Ms. Yamashita (did).
   I don't remember.
8. Who told you a lie recently?
   My best friend (did)!
   Nobody.

【Application1 の訳】

1. たいてい、お母さんに誕生日プレゼントをあげますか？
   はい、あげます。たいてい本を買ってあげます。
   いいえ、あげません。
2. 昨年、お父さんにプレゼントをあげましたか？
   はい、あげました。
   いいえ、あげませんでした。忘れていました！
3. だれかが今年、あなたにプレゼントをくれましたか？
   はい、私の姉（妹）が誕生日にすてきなTシャツをくれました。
   いいえ。／いいえ、だれもくれませんでした。
4. 今日、メールを友だちに送りましたか？
   はい、送りました。彼に休暇のことを聞きました。
   いいえ、送りませんでした。
5. 昨年、高価な贈りものをだれかに送りましたか？
   はい、送りました。
   いいえ、送りませんでした。
6. あなたのお母さんはときどき、あなたに手紙を書きますか？
   はい、書きます。
   いいえ、書きません。母は電話の方を好むので。
7. だれが中学校であなたに英語を教えましたか？
   Mr.Tanakaと Mr.Yamashita です。
   おぼえていません。
8. だれが最近あなたにうそをつきましたか？
   私の親友（がうそをつきました）！
   だれもうそをついていません。

第9章

使役

第7章で **SVOC** を扱いましたが、ここでは、その中の使役の意味を持つ構文について、さらに詳しく考えていきます。基本的な考え方は変わりませんので、**SV[OC]** の考え方さえわかっていれば大丈夫です。

STEP 1 ►► コア・カンバセーションのリスニング

コア・カンバセーション 9

七夕の物語

●登場人物
Yumi Watanabe / John Morita / Maria Nelson / Kaori Takahashi

●シーンの説明
七夕といえば、織姫と彦星の悲しいエピソードが有名。Yumi は、John や Maria を交えながら七夕の物語を説明していく。日本のお祭りが嫌いな Kaori も、七夕はロマンチックなので好きだという。

Normal file_050 / Slow file_051

コア・カンバセーションを聞いてください。また、次の表現が聞こえたら、□にチェックを入れましょう。

☐ Her father...makes [her weave]...
☐ ...he lets [the two stars meet]...
☐ let [me take a photo]...

　SV[OC]は[OがCをする]という状況をつくるというのが基本的意味のひとつですが、使役はCが動詞になって、[OがCをする]となります。たとえば、I made [her cry].では、[彼女が泣く]という状況を、私がつくる (=make) ということなのです。使役で使われる動詞には、makeのほかに、have、get、letなどがあり、主語が[OC]をコントロールする度合いが違います。make > have / get > let の順でOの意思の関与が弱くなります。つまり、make は「Oの意思とは関係なく、無理矢理〜させる」、letは「Oが何かしたいのを許して〜させる」という意味、get と have はその中間で、「Oに頼んで〜させる、〜してもらう」という意味です。

　形の上で注意すべきなのは、make / let / have とは違って、getでは、Cのところに動詞原形ではなく、to + 動詞 (いわゆる不定詞。第18章参照)がくることです。

STEP 2 ▸▸ コア・カンバセーションの応答練習

　コア・カンバセーションを何度も聞いて、だいたい内容が理解できたら、次の各質問に答えてください。

Question 1　file_052

　音声を聞いて、次の1.〜3.の文の内容がコア・カンバセーションの内容にあっている場合にはTrue、間違っている場合にはFalseで答えてください（答えを口に出して言ってから、かっこに記入しましょう。以下も同様の手順で行ってください）。

1. (　　　　　　　)
2. (　　　　　　　)
3. (　　　　　　　)

Question 2　file_053

　音声を聞いて、Yes / No で質問に答えてください。Yesの場合はYes.だけでOKですが、No.の場合はできれば続けて正しい答えも言ってください。

4. (　　　　　　　　　　　　)
5. (　　　　　　　　　　　　)
6. (　　　　　　　　　　　　)

Question 3　file_054

　STEP 1のコア・カンバセーションをもう一度聞きましょう。次に音声を聞いて、質問に答えてください。

7. (　　　　　　　　　　　　)
8. (　　　　　　　　　　　　)
9. (　　　　　　　　　　　　)

STEP 3 ▸▸ コア・カンバセーションの確認

STEP 1のコア・カンバセーションのトランスクリプションです。語注も参考にしながら、内容を確認してください。（訳は p.101）

Yumi: Do you guys know the story of Tanabata?

John: Yeah, it's the one with Ori-hime right? Her father, the Emperor of the Universe, makes her weave all day.

Yumi: She's a lonely star and marries hardworking Hiko-boshi. However, Hiko-boshi becomes lazy and so the Emperor of the Universe separates his daughter from the marriage.

Maria: But Ori-hime is really sad, and she eventually convinces her father to change his mind; he lets the two stars meet once a year.

Kaori: I used to come to this festival with my parents every year.

John: I thought you didn't like Japanese festivals, Kaori.

Kaori: Well, I like Tanabata. It's beautiful and...I can't think of the right word.

Maria: Romantic? By the way, how was the movie, you two?

Kaori: Maria...

John: Hey, let me take a photo! Smile, everyone!

【語注】

weave: 織物を織る
lazy: 怠惰な、不精な
eventually: 結局は、最後には
convince A to...: A に〜するように説得する

I can't think of the right word.: 適切な単語が思い出せない（単語が出てこないことを相手に伝えるコミュニケーション・ストラテジー。p.63 参照）。

STEP 4 ▸▸ STEP 2 の解答・解説

STEP 2 で行った応答練習の解答と解説です。左ページにあるコア・カンバセーションのスクリプトとあわせて、解答の確認をしましょう。

　使役文の質問にはうまく答えられましたか？　使役文は、SVOC の一種ですが、かならず動作主がふたり出てきます。たとえば、I made [John go]. のように、I と John がどちらも動作主となります。そのため内容が複雑で、ぱっと聞いて理解するのは、最初のうちは難しいと思います。何度も聞いて、無理なく理解できるように練習していきましょう。

【応答練習の解答】

1. In the story of Tanabata, the father makes his daughter weave all day.　True
2. In the story of Tanabata, the father forces his daughter to marry an old man.　False
3. In the story of Tanabata, her father lets them meet once a year.　True
4. In the story of Tanabata, does the father separate the couple?
   Yes, he does.
5. In the story of Tanabata, does Hiko-boshi convince Ori-hime's father to change his mind?
   No, Ori-hime convinces her father to change his mind.
6. In the story of Tanabata, does the Emperor of the Universe eventually let his daughter and Hiko-boshi meet frequently?
   No, he let them meet only once a year.
7. In the story of Tanabata, who makes Ori-hime weave all day?
   It's her father.
8. Who said "let me take a photo!"?
   It's John.
9. When do the two meet after that?
   Once a year on July the 7th.

【応答練習の訳】

1. 七夕の話の中で、父親は娘に一日中機織りをさせます。　正
2. 七夕の話の中で、父親は娘に老人と無理やり結婚させます。　誤
3. 七夕の話の中で、彼女の父親は彼らを 1 年に一度会わせます。　正
4. 七夕の話の中で、父親はふたりを引き離しますか？
   はい、彼が引き離します。
5. 七夕の話の中で、彦星は織姫の父親を説得して考えを変えさせようとしますか？
   いいえ、織姫が彼女の父親を説得して考えを変えさせようとします 。
6. 七夕の話の中で、天帝は最終的に彼の娘と彦星を頻繁に会わせますか？
   いいえ、彼は 1 年に 1 度だけ彼らを会わせます。
7. 七夕の話の中では、だれが織姫に一日中機織りをさせますか？
   彼女の父親です。
8. .だれが「写真を撮らせて！」と言いましたか？
   John です。
9. ふたりはその後、いつ会いますか？
   1 年に 1 度、7 月 7 日に。

STEP 5 ▸▸ 自分のことをスピーキング！

これからの質問は、自分自身についてのものです。自分のことにあてはめて、答えてください。

Application 1 　`file_055`

次の質問に答えてください。最初は必要最低限の情報（Yes.やNo.など）を答えればOKですが、慣れてきたら、さらにひとこと付け加えてみましょう。うまく答えられなかった質問には、解答例（p.81）を参考にしながら、自分なりの答えを考えてみてください。

1. (　　　　　　　　　　　　　　)
2. (　　　　　　　　　　　　　　)
3. (　　　　　　　　　　　　　　)
4. (　　　　　　　　　　　　　　)
5. (　　　　　　　　　　　　　　)
6. (　　　　　　　　　　　　　　)
7. (　　　　　　　　　　　　　　)
8. (　　　　　　　　　　　　　　)

Application 2

次の例にしたがって、自分や友だち・家族などがよく人にやらせることを言ってみてください。その際、動詞のニュアンスの違いに注意しましょう。

（例）

He often makes his girlfriend cry.

I often get my boss to write English letters.

I often help my children do their homework.

I often let my friends pay for my bill.

- (　　　　) often make(s) (　　　　　　　　　　　　).
- (　　　　) often get(s) (　　　　　　　　　　　　).
- (　　　　) often help(s) (　　　　　　　　　　　　).
- (　　　　) often let(s) (　　　　　　　　　　　　).

STEP 6 ▸▸ STEP 5 の解答例と解説

　使役はかかわってくる動作主が多いのでけっこう大変ですが、do や did などの時制を表す文法にも注意して聞いてみましょう。使役の意味にばかり注目していると、時制に注意が向かず、いつもやっていること（現在形）なのか、過去のできごとなのか、文の最後まで聞いたころには忘れてしまいます。もちろん、解答例はあくまでも例なので、自分の状況に合わせて、いろいろ creative に自分なりの答えを考えてみてください。

【Application 1 の解答例】

1. Did your mother make you study hard in your childhood?
   Yes, she did. She was very strict.
   No, she didn't.
2. Do you sometimes have your friend clean your room?
   Yes, I do.
   No, I don't. I don't have such a nice friend.
3. Do you sometimes have your teacher correct your English?
   Yes, I do.
   No, I don't. I don't have a teacher.
4. Do you let people come into your room with their shoes on?
   Yes, I do.

No, I don't. I don't want to make the carpet dirty.
5. Did someone make you cry in the last five years?
   Yes. My father did.
   No. / No, they didn't.
6. Do you let your friends come over after midnight?
   Yes, I do. I like to stay up late.
   No. I don't.
7. Do you sometimes help someone do their homework?
   Yes, I do. I help my daughter with her English.
   No, I don't.
8. Do you sometimes make someone cook for you?
   Yes, I do. My husband.
   No, I don't.

【Application1 の訳】

1. あなたのお母さんは、あなたが子どものころに熱心に勉強させましたか？
   はい、させました。母はとても厳しかったです。
   いいえ、させませんでした。
2. ときどき友だちに部屋を掃除させますか？
   はい、させます。
   いいえ。私にはそんなに親切な友だちはいません。
3. ときどき先生にあなたの英語を直してもらいますか？
   はい、そうです。
   いいえ、直してもらいません。先生はいません。
4. あなたはあなたの部屋に靴をはいたまま入らせますか？
   はい、入らせます。

いいえ、入らせません。カーペットを汚したくありません。
5. この5年でだれかがあなたを泣かせましたか？
   はい。私の父が泣かせました。
   いいえ。／いいえ、だれも泣かせませんでした。
6. あなたは真夜中を過ぎてから友だちを家に来させますか？
   はい、そうします。夜更かしが好きです。
   いいえ、私はそうしません。
7. ときどきだれかの宿題を手伝ってあげますか？
   はい、手伝います。娘の英語を手伝います。
   いいえ、手伝いません。
8. ときどきだれかにあなたのために料理をさせますか？
   はい、させます。私の夫にさせます。
   いいえ、させません 。

第10章

助動詞①

助動詞は、読んで字のごとく、動詞を助ける役割をはたすものです。どのように助けるかといえば、動詞のもつ意味にさまざまなニュアンス（確率、義務、意図、可能性など）をつけるのです。会話では欠かせないので、この章で慣れていきましょう。

STEP 1 ▸▸ コア・カンバセーションのリスニング

| コア・カンバセーション 10 | Normal file_056 / Slow file_057 |

社長からの電話

●登場人物
Hiro Yamaguchi / Kaori Takahashi

●シーンの説明
Kaori は、SenSoft 日本支社の社長である Hiro Yamaguchi から内線電話を受ける。日本語であいさつをしようとすると、Hiro から英語で話すように言われる。グローバルな会社を目指すため、会議も英語で話すことになると言われて、Kaori は戸惑う。

コア・カンバセーションを聞いてください。また、次の表現が聞こえたら、□にチェックを入れましょう。

☐ ...you must speak English
☐ ...we all have to speak English
☐ We should all get used to English.
☐ brainstorm meetings will be in English

助動詞は、位置的にはつねに動詞の（直）前におかれ、助動詞の後は例外なく動詞の原形がきます。以下、おもな助動詞の持つ意味をまとめます。

will：基本的には主語の意志（〜するつもり）を表します。また、そこから広がって、未来についての推測（〜だろう）も表します。

can：基本的には「〜できる」という意味です（例：I can speak English.）。そこから、「〜の可能性がある」という意味が出てきます。たとえば、That can't be true.は、「それが本当であることはできない→そんなはずはない」と考えます。

may：基本的には「許可（〜してよい）」を表します（例：You may go now.）。そして、ここから、「推測（〜かもしれない）」の意味が出てきます。たとえば、He may be sick.は、「彼は病気でもいい→病気かもしれない」となります。

STEP 2 ▶▶ コア・カンバセーションの応答練習

　コア・カンバセーションを何度も聞いて、だいたい内容が理解できたら、次の各質問に答えてください。

Question 1　file_058

　音声を聞いて、次の 1. ～ 3. の文の内容がコア・カンバセーションの内容にあっている場合には True、間違っている場合には False で答えてください（答えを口に出して言ってから、かっこに記入しましょう。以下も同様の手順で行ってください）。

1. (　　　　　　　　)
2. (　　　　　　　　)
3. (　　　　　　　　)

Question 2　file_059

　音声を聞いて、Yes / No で質問に答えてください。Yes の場合は Yes. だけで OK ですが、No. の場合はできれば続けて正しい答えも言ってください。

4. (　　　　　　　　　　　　　　)
5. (　　　　　　　　　　　　　　)
6. (　　　　　　　　　　　　　　)

Question 3　file_060

　STEP 1 のコア・カンバセーションをもう一度聞きましょう。次に音声を聞いて、質問に答えてください。

7. (　　　　　　　　　　　　　　)
8. (　　　　　　　　　　　　　　)
9. (　　　　　　　　　　　　　　)

STEP 3 ▸▸ コア・カンバセーションの確認

STEP 1のコア・カンバセーションのトランスクリプションです。語注も参考にしながら、内容を確認してください。（訳は *p*.101）

Kaori: *Takahashi desu*.

Hiro: Hello, Kaori! How are you today? This is Hiro Yamaguchi, the company president.

Kaori: Ah, *shacho*? *Ohayo gozai*—

Hiro: No, no, you must speak English. It's my new experiment— an English-speaking office.

Kaori: Oh. So...we all have to speak English.

Hiro: Exactly! SenSoft is a global company. We should all get used to English.

Kaori: I see. Do we have to speak English all the time?

Hiro: At least when I'm there! Ha ha! For example, our brainstorming meetings will be in English now.

Kaori: Oh. That may be difficult for me. My...vocabulary isn't so good.

Hiro: That's okay! You can use Japanese if necessary. Well...see you at the next meeting! Bye, Kaori!

Kaori: Goodbye, sha—uh, Mr., uh, Hiro. Have a nice day. Oh, no.

【語注】

experiment: 実験
English-speaking office: 英語で話すオフィス
get used to...: …に慣れる
I see.: （納得して）なるほど、そうですか、そ

うなんだ
at least: 少なくとも、最低限は
brainstorming: ブレインストーミング、略してブレスト（動詞は to brainstorm）
if necessary: 必要であれば

STEP 4 ▸▸ STEP 2 の解答・解説

STEP 2で行った応答練習の解答と解説です。左ページにあるコア・カンバセーションのスクリプトとあわせて、解答の確認をしましょう。

　助動詞を使った質問にはうまく答えられましたか？　助動詞の質問は、Can you...?やWill you...?など助動詞が主語の前に出てきますが、have toは、文法的には一般動詞なので、他の助動詞とは違って、Do you have to...?という質問になります。また、答え方も、I don't have to...(～する必要はない)となるので、注意しましょう。

【応答練習の解答】

1. All Sensoft employees must speak English from now on. False
2. Brainstorming meetings at SenSoft will be in English. True
3. Sensoft employees should study Chinese. False
4. Do SenSoft employees have to speak English all the time? No, they don't. (They have to speak English only when the president is there.)
5. Must Kaori speak in Chinese with the president? No, Kaori must speak in English with the president.
6. May Kaori speak Japanese at brainstorming meetings? Yes, she may use Japanese at brainstorming meetings.
7. Can Kaori sometimes speak Japanese at brainstorming meetings? Yes, she can.
8. Is Sensoft a global company? Yes, it is. The president says so.
9. When does Kaori have to speak English? She has to speak English with the president and at the brainstorming meetings.

【応答練習の訳】

1. Sensoftの全従業員がこれからは英語を話さなければいけません。　正
2. SenSoftのブレインストーミングの会議は英語で行われます。　正
3. Sensoftの従業員は中国語を勉強するべきです。　誤
4. SenSoftの従業員は、ずっと英語を話さなければいけませんか？
いいえ、その必要はありません。(社長がそこにいるときだけ、彼らは英語を話さなければいけません)
5. Kaoriは社長と中国語で話さなければいけませんか？
いいえ、Kaoriは社長と英語で話さなければいけません。
6. Kaoriはブレインストーミングの会議で日本語を話してもいいですか？
はい、彼女はブレインストーミングの会議で日本語を使ってもいいです。
7. Kaoriはブレインストーミングの会議で、ときには日本語を話すことができますか？
はい彼女は話すことができます。
8. Sensoftは世界的な企業ですか？
はい、そうです。社長がそう言っています。
9. Kaoriはいつ英語を話さなければいけませんか？
彼女は社長と一緒にいるときとブレインストーミングの会議のときには英語を話さなければいけません。

STEP 5 ▸▸ 自分のことをスピーキング！

これからの質問は、自分自身についてのものです。自分のことにあてはめて、答えてください。

Application 1　`file_061`

次の質問に答えてください。最初は必要最低限の情報（Yes. や No. など）を答えればOKですが、慣れてきたら、さらにひとこと付け加えてみましょう。うまく答えられなかった質問には、解答例（p.87）を参考にしながら、自分なりの答えを考えてみてください。

1. (　　　　　　　　　　　　　　　)
2. (　　　　　　　　　　　　　　　)
3. (　　　　　　　　　　　　　　　)
4. (　　　　　　　　　　　　　　　)
5. (　　　　　　　　　　　　　　　)
6. (　　　　　　　　　　　　　　　)
7. (　　　　　　　　　　　　　　　)
8. (　　　　　　　　　　　　　　　)

Application 2

次の例にしたがって、自分（や他の人）がしなければならないことを言ってみてください。その際、助動詞の違いに注意してください。

（例）

I must study English every day.

I sometimes have to write English letters.

I should let him know my phone number.

- I must (　　　　　　　　　　　　　　　　).
- I have to (　　　　　　　　　　　　　　　).
- I should (　　　　　　　　　　　　　　　).

STEP 6 ▸▸ STEP 5 の解答例と解説

　助動詞を使った疑問文は文頭に助動詞がくるので、どの助動詞なのか注意して聞いてみましょう。Do...?で始まる疑問文には特別な意味がなく、「～しますか?」という現在についての質問ということになるので、その次に何がくるかをよく聞いてください（たとえば、6.では have to のほうに意味があります）。一方、Can...? であれば「～できますか?」、Should...?であれば「～すべきですか?」といった意味になり、聞かれている内容が変わってきます。また、主語が自分なのか、家族なのかは助動詞の形には関係なく、have to の場合のみ、does になったり do になったりします（Does she have to...? / Do you have to...?）。同時に多様な情報を処理する必要があるので、何度も聞いて慣れていきましょう。

【Application 1 の解答例】

1. Can you speak Chinese?
   Yes, I can.
   No, I can't. It's too difficult.
2. Do you sometimes have to speak Korean?
   Yes, I do. I sometimes go to Seoul on business.
   No, I don't (have to).
3. Will you stay home tomorrow?
   Yes, I will.
   No, I won't. I'm going to a party.
4. Should all Japanese people learn English?
   Yes, they should. English is an important language.
   No, they don't have to.
5. Can your mother play the piano?
   Yes, she can. She used to be a piano teacher.
   No, she can't.
6. Do you have to speak English every day?
   Yes, I do.
   No, I don't have to.
7. Can you eat spicy food?
   Yes, I can. I love Thai food.
   No, I can't.
8. Will this book help you speak English?
   Yes, it will.
   No, it won't.

【Application1 の訳】

1. あなたは中国語を話すことができますか?
   はい、できます。
   いいえ、できません。大変難しいです。
2. あなたはときどき、韓国語を話さなければいけませんか?
   はい、話さなければなりません。仕事でときどきソウルに行きます。
   いいえ、（その必要はありません）。
3. あなたは明日、家にいますか?
   はい、います。
   いいえ、いません。パーティーに行きます。
4. すべての日本人は英語を学ぶべきですか?
   はい、学ぶべきです。英語は重要な言語です。
   いいえ、その必要はありません。
5. あなたのお母さんはピアノを弾けますか?
   はい、彼女は弾けます。彼女はピアノの先生でした。
   いいえ、彼女は弾けません。
6. あなたは毎日、英語を話さなければいけませんか?
   はい、話さなければなりません。
   いいえ、その必要はありません。
7. あなたは辛いものを食べられますか?
   はい、食べられます。私はタイ料理が大好きです。
   いいえ、食べられません。
8. この本は、あなたが英語を話すのに役立ちますか?
   はい、役立ちます。
   いいえ、役立ちません。

第11章 助動詞②

助動詞を使った表現は、コミュニケーションにおいて特に重要な機能を果たします。というのも、依頼や提案などの表現に、微妙なニュアンスを表せる助動詞が欠かせないからです。

STEP 1 ▸▸ コア・カンバセーションのリスニング

コア・カンバセーション 11

アメリカからの来訪者

Normal file_062 / Slow file_063

●登場人物
Kaori Takahashi / John Morita / Hiro
Yamaguchi / Sarah Preston

●シーンの説明
SenSoft の取引先である Frisco Systems の
Sarah Preston を招いて、晩餐会が開かれた。
Hiro に紹介されて Sarah はスピーチを始める
が、Kaori にはその内容がわからない。John
に尋ねてみたが……。

コア・カンバセーションを聞いてください。また、次の表現が聞こえたら、□にチェックを入れましょう。

☐ **Would you like to...?**　　☐ **Could you...?**
☐ **Shall we...?**　　☐ **Can you...?**
☐ **Would you...?**

　助動詞の現在形（can、may、will）と、その過去形（could、might、would）を比べると、過去形のほうが、「可能性が低い」ことを表します。つまり、I may take a day off. よりも、I might take a day off. のほうが、明日休む可能性が低くなります。この可能性の差によって、「丁寧度」にも差が生まれてきます。たとえば、相手に何かを頼むとき、Can you...? や Will you...? よりも、Could you...? や Would you...? と過去形を使うほうが丁寧です。相手に依頼／提案をするときには、「相手が承諾してくれる可能性が低い」とこちらが思っていることを表したほうが、押しつけがましさが低くなるからです。

　また、助動詞 shall については、Shall we...? で「（一緒に）～しましょうか」という「勧誘」の意味を、Shall I...? で「（自分が）～しましょうか」という「申し出・提案」の意味を表します。

STEP 2 ▸▸ コア・カンバセーションの応答練習

　コア・カンバセーションを何度も聞いて、だいたい内容が理解できたら、次の各質問に答えてください。

Question 1　file_064

　音声を聞いて、次の1.～ 3.の文の内容がコア・カンバセーションの内容にあっている場合にはTrue、間違っている場合にはFalseで答えてください（答えを口に出して言ってから、かっこに記入しましょう。以下も同様の手順で行ってください）。

　　1. (　　　　　　　　)
　　2. (　　　　　　　　)
　　3. (　　　　　　　　)

Question 2　file_065

　音声を聞いて、Yes / No で質問に答えてください。Yesの場合はYes.だけでOKですが、No.の場合はできれば続けて正しい答えも言ってください。

　　4. (　　　　　　　　　　　　)
　　5. (　　　　　　　　　　　　)
　　6. (　　　　　　　　　　　　)

Question 3　file_066

　STEP 1のコア・カンバセーションをもう一度聞きましょう。次に音声を聞いて、質問に答えてください。

　　7. (　　　　　　　　　　　　)
　　8. (　　　　　　　　　　　　)
　　9. (　　　　　　　　　　　　)

STEP 1のコア・カンバセーションのトランスクリプションです。語注も参考にしながら、内容を確認してください。（訳は*p.*102）

Kaori: Hi, John. Would you like some beer?

John: Thanks. ...You didn't say much at the brainstorming meeting.

Kaori: We have to speak English. I was nervous.

John: You speak really well. And I'm sure you have great ideas. You're extremely smart.

Kaori: You think so? Thank you!

John: Well, I certainly think so anyway.

Hiro: Shall we begin? Let's welcome the vice-president of Frisco Systems, Sarah Preston! Would you lift your glasses, please? Sarah, welcome to Japan! *Kampai*!

Everyone: Kampai! Cheers!

Hiro: Could you say a few words, Sarah? I'll translate.

Sarah: Thank you, Hiro, but I think we all speak the same language here—the language of computers. So I just...

Kaori: John... I don't understand. Can you explain?

John: Sorry, I don't understand either—that isn't my language.

【語注】

nervous: 緊張した
extremely: 非常に
You think so?: (= Do you think so?)
どう思う？（口語で使われる intonation question。*p.*27、*p.*29、*p.*39、*p.*41 を参照）

Would you lift your glasses, please?:
（丁寧に）グラスをお持ちください
translate: 翻訳する

STEP 4 ▸▸ STEP 2 の解答・解説

STEP 2 で行った応答練習の解答と解説です。左ページにあるコア・カンバセーションのスクリプトとあわせて、解答の確認をしましょう。

　助動詞を使った依頼表現はうまく聞き取れましたか？　会話では非常によく使われるので、まずは形に慣れておきたいものです。ほとんどがよく使われる決まり文句なので、音声的に連結がおこり、would you が「ウッジュー」、could you が「クッジュー」、can you が「キャニュー」と1語のように発音されます。発音にも注意しましょう。

【応答練習の解答】

1. John would like to have some beer.　True
2. Kaori said, "Would you lift your glasses, please? "　False
3. John said, "Shall we begin?"　False
4. Did Hiro ask John, "Would you like some beer? "
   No, he didn't. Kaori did.
5. Did Kaori say, "Could you say a few words?"
   No, Hiro did.
6. Does John speak the language of computers?
   No, he doesn't. He speaks English.
7. Who said, "Shall we begin?"
   Hiro did.
8. Who said to John, "Would you like some beer?"
   Kaori did.
9. Did Kaori say to John, "Can you explain?"
   Yes, she did.

【応答練習の訳】

1. John はビールを飲みたいと思っています。　正
2. 「グラスを持ち上げていただけますか？」と Kaori が言いました。　誤
3. 「始めましょうか？」と John が言いました。　誤
4. Hiro は「ビールを飲む？」と John に聞きましたか？
   いいえ、聞きませんでした。Kaori が聞きました。
5. Kaori は「ひと言おっしゃっていただけますか？」と言いましたか？
   いいえ、Hiro が言いました。
6. John はコンピュータの言葉を話しますか？
   いいえ話しません。彼は英語を話します。
7. だれが「始めましょうか？」と言いましたか？
   Hiro が言いました。
8. だれが「ビールを飲む？」と John に言いましたか？
   Kaori が言いました。
9. Kaori は「説明してくれる？」と John に言いましたか？
   はい、言いました。

STEP 5 ▸▸ 自分のことをスピーキング！

　これからの質問は、自分自身についてのものです。自分のことにあてはめて、答えてください。

Application 1 ▌file_067▐

　次の質問に答えてください。最初は必要最低限の情報（OK. や No. など）を答えればOKですが、慣れてきたら、さらにひとこと付け加えてみましょう。うまく答えられなかった質問には、解答例（*p.*93）を参考にしながら、自分なりの答えを考えてみてください。

1. (　　　　　　　　　　　　　　)
2. (　　　　　　　　　　　　　　)
3. (　　　　　　　　　　　　　　)
4. (　　　　　　　　　　　　　　)
5. (　　　　　　　　　　　　　　)
6. (　　　　　　　　　　　　　　)
7. (　　　　　　　　　　　　　　)
8. (　　　　　　　　　　　　　　)

Application 2

　次の例にしたがって、だれか相手（家族、友人、先生など、もしくは、コア・カンバセーションの登場人物）を決めて、誘ったり、提案したりしてみてください。

（例）

Professor Shirai, would you like to go to Karaoke with us?

Kaori, may I speak with you for a few minutes?

John, shall we have dinner together this evening?

・(　　　　　　　), would you like to (　　　　　　　　　　)?
・(　　　　　　　), could I (　　　　　　　　　　　　　)?
・(　　　　　　　), (　　　　　　　　　　　　　　　)?

STEP 6 ▸▸ STEP 5 の解答例と解説

　助動詞を使った「依頼、勧誘」の表現は日常会話で非常に頻繁に使われますが、その答え方には注意が必要です。というのは、これらはほとんどがイディオムで、字義通りに理解して答えたら、変なことになってしまうからです。Can you open the window? と聞かれて、Yes, I can. と答えてもまったく意味をなしません。この場合は、Sure. と言って窓を開けてあげればいいわけです。Would you...? だから Yes, I would. と答えればいいわけではないので、答え方にも注意して練習してみましょう。

【Application 1 の解答例】

1. Would you like to take a rest?
   Yes. I'm tired.
   No.
2. Can you tell me a secret?
   Yes. I lost my father's watch.
   I'm sorry I can't.
3. Let's talk about this book.
   Sure.
   Sorry, I don't have time.
4. Shall we go back to the first chapter?
   OK.
   Sorry, I don't have time.
5. Could you translate "Toki wa kane nari." into English?
   Sure, no problem. "Time is money."
   I'm sorry, I can't.
6. Could you give me your email address?
   Sure. It's abc@cosmopier.com.
   I'm sorry, I can't. / I'm sorry, I shouldn't.
7. May I have your name please?
   My name is Yasuhiro Shirai.
   I'm sorry, I can't. / I'm sorry, I shouldn't.
8. Would you like a sequel to this book?
   Of course!
   Not really.

【Application1 の訳】

1. あなたはひと休みしたいですか？
   はい。私は疲れています。
   いいえ。
2. 私に秘密を打ち明けてくれませんか？
   はい。私は父の腕時計をなくしてしまいました。
   申し訳ありませんが、できません。
3. この本について話しましょう。
   もちろんです。
   すみません、時間がありません。
4. 第 1 章に戻りましょうか？
   そうですね。
   すみません、時間がありません。
5. 「時は金なり」を英語に翻訳していただけますか？
   もちろん、いいですよ。"Time is money."
   申し訳ありませんが、できません。
6. あなたの E メールアドレスを私に教えていただけますか？
   わかりました。abc@cosmopier.com です。
   申し訳ありませんが、できません。／悪いけど、教えるべきではありません。
7. お名前を教えていただけますか？
   私の名前は Yasuhiro Shirai です。
   申し訳ありませんが、できません。／悪いけど、教えるべきではありません。
8. あなたはこの本の続編は読みたいですか？
   もちろん！
   そうでもありません。

第12章 未来の表現

未来のことを語るには未来形、ということを学校英語で習った人も多いでしょうが、実は英語には未来形はないのです。どのような表現で未来のことを語るのか、この章でみていきましょう。

STEP 1 ▸▸ コア・カンバセーションのリスニング

コア・カンバセーション 12

Normal file_068 / Slow file_069

ジャズフェスティバルでデート

●登場人物
Kaori Takahashi / John Morita

●シーンの説明
Kaori と John は、デートでジャズフェスティバルを訪れる。John は Kaori から、2月にハワイへ行くことを知らされる。ハワイへでは、大きなフラのフェスティバルがあって、フラ教室の先生と生徒とともに Kaori も踊るのだという。

コア・カンバセーションを聞いてください。また、次の表現が聞こえたら、□にチェックを入れましょう。

□ I'll pick up a pamphlet...
□ ...we're going to perform there.
□ You're moving to Hawaii?

上記の3つは、すべて未来のことを語る表現です。まず、助動詞willですが、実はwillはmay、might、canなどの助動詞と同様に「推測」を表します。He will / may / might come.はすべて未来に関する推測で、話者の確信の度合いが違って、willが一番確信が高く、mightが一番低いのです。単なる未来の推測ならwillが使われることが多く、現在の推測ならwillはあまり使われません。また、willは主語の意志（～するつもり）も表します（例：I'll go to America next year.）。

2番目の未来表現は、be going to...というイディオムです。これは未来のある程度決まった予定を表し、willよりも確定性が高い場合に用いられます。

そして、3番目の表現がもっと確定性が高いのですが、進行形を使った未来表現です。進行形（be +-ing）は次の章で解説しますが、進行形を使って「近い未来の確実な予定」を表すことができます。

94

STEP 2 ▶▶ コア・カンバセーションの応答練習

コア・カンバセーションを何度も聞いて、だいたい内容が理解できたら、次の各質問に答えてください。

Question 1　`file_070`

音声を聞いて、次の1.～3.の文の内容がコア・カンバセーションの内容にあっている場合にはTrue、間違っている場合にはFalseで答えてください（答えを口に出して言ってから、かっこに記入しましょう。以下も同様の手順で行ってください）。

1. (　　　　　　　)
2. (　　　　　　　)
3. (　　　　　　　)

Question 2　`file_071`

音声を聞いて、Yes / No で質問に答えてください。Yesの場合はYes.だけでOKですが、No.の場合はできれば続けて正しい答えも言ってください。

4. (　　　　　　　　　　　　　)
5. (　　　　　　　　　　　　　)
6. (　　　　　　　　　　　　　)

Question 3　`file_072`

STEP 1のコア・カンバセーションをもう一度聞きましょう。次に音声を聞いて、質問に答えてください。

7. (　　　　　　　　　　　　)
8. (　　　　　　　　　　　　)
9. (　　　　　　　　　　　　)

STEP 1のコア・カンバセーションのトランスクリプションです。語注も参考にしながら、内容を確認してください。（訳は p.102）

John: This festival is huge, isn't it?

Kaori: Yes. There are about 300 performances in many different places.

John: Are we going to listen to all of them?

Kaori: Come on, don't be silly. I'll pick up a pamphlet and we can choose.

John: You're so smart. You know, the atmosphere reminds me of Honolulu.

Kaori: Do you miss Hawaii?

John: No, I like Japan...and my job, and...my co-workers...

Kaori: Um...by the way, I'm going to go to Hawaii next February.

John: Really!? You're moving to Hawaii?

Kaori: No no no! I'm going for a week, with my hula teacher and some students. There's a big hula festival, and we're going to perform there.

John: That's great! Is someone planning to take a video of your performance?

Kaori: Hey, let's listen to that group over there.

John: Okay. I'll ask the question again later.

【語注】

come on: ふざけないで
don't be silly: ばかなことを言わないで
atmosphere: 雰囲気
remind A of B: A に B を思い出させる

by the way: ところで（話題を変えたいときに使える。p.143 参照）
move to...: 〜に引っ越す、移動する

STEP 4 ▸▸ STEP 2 の解答・解説

　STEP 2 で行った応答練習の解答と解説です。左ページにあるコア・カンバセーションのスクリプトとあわせて、解答の確認をしましょう。

　未来に関する質問にはうまく答えられたでしょうか？　ここでは、助動詞、熟語（be going to...）次の章で扱う進行形（be + -ing）など、異なった文法形式を使うので注意が必要です。

　助動詞：Will you leave...? → Yes, I will. (I will leave...)

　be going to：Are you going to leave...? → Yes, I am. (I'm going to leave...)

　進行形：Are you leaving...? → Yes, I am. (I'm leaving...)

　また、できればYes / No の後には、（　）内のように、追加情報を付け加えてみるとよいでしょう。これといった正解があるわけではないので、文法的な正しさばかり気にせず、気楽に答えていきましょう。

【応答練習の解答】

1. John and Kaori are going to listen to all 300 performances at the jazz festival.　False
2. Kaori will go to Hawaii in February.　True
3. Kaori is moving to Hawaii. False
4. Is Kaori going to Hawaii with her boyfriend?
   No, she is going there with her hula teacher and some students.
5. Is John going to Hawaii in January?
   No, he isn't. Kaori is going to go to Hawaii in February.
6. Will John go to the hula festival?
   No, he won't. Kaori will go to the hula festival.
7. Who will pick up a pamphlet for the festival?
   Kaori will.
8. How long will Kaori be in Hawaii?
   She will be there for a week.
9. Why will Kaori be going to Hawaii?
   There is a big hula festival, and she will be performing in it.

【応答練習の訳】

1. John と Kaori はジャズ・フェスティバルで 300 の演奏すべてを聞くつもりです。　誤
2. Kaori は 2 月にハワイに行きます。　正
3. Kaori はハワイに引っ越します。　誤
4. Kaori は彼氏と一緒にハワイに行く予定ですか？
   いいえ、彼女はフラダンスの先生や何人かの生徒たちと一緒に行く予定です。
5. John は 1 月にハワイに行く予定ですか？
   いいえ、彼は行きません。Kaori が 2 月にハワイに行く予定です。
6. John はフラフェスティバルに行きますか？
   いいえ、彼は行きません。Kaori がフラ・フェスティバルに行きます。
7. だれがフェスティバルのパンフレットをもらいに行きますか？
   Kaori です。
8. Kaori はどれくらいハワイにいますか？
   1 週間います。
9. どうして Kaori はハワイに行く予定ですか？
   大きなフラ・フェスティバルがあって、それに出演するんです。

Step 5 ▶▶ 自分のことをスピーキング！

これからの質問は、自分自身についてのものです。自分のことにあてはめて、答えてください。

Application 1　file_073

次の質問に答えてください。最初は必要最低限の情報（Yes.やNo.あるいはNext month.など）を答えればOKですが、慣れてきたら、さらにひとこと付け加えてみましょう。うまく答えられなかった質問には、解答例（p.99）を参考にしながら、自分なりの答えを考えてみてください。

1. (　　　　　　　　　　　　　　　)
2. (　　　　　　　　　　　　　　　)
3. (　　　　　　　　　　　　　　　)
4. (　　　　　　　　　　　　　　　)
5. (　　　　　　　　　　　　　　　)
6. (　　　　　　　　　　　　　　　)
7. (　　　　　　　　　　　　　　　)
8. (　　　　　　　　　　　　　　　)

Application 2

次の例にしたがって、今後の予定をいろいろ話してみてください。

（例）

I'm going to the post office tomorrow afternoon.

I'll be taking a TOEIC test next month.

My father will go to Singapore in April next year.

◆今後の予定

・I (　　　　　　　　　　　　　　　) tomorrow.

・I (　　　　　　　　　　　　　　　) next month.

・ (　　　　　　　　　　　　　　　) next year.

STEP 6 ▸▸ STEP 5 の解答例と解説

　未来の予定について聞かれて、ぱっとすぐに答えられないのは、英語の問題もありますが、それ以外にも原因があります。未来の予定というのはまだ決まっていないので、英語に加えて内容も考えなくてはならず、それだけ認知的負荷が高いわけです。ですから、音声を止めて考えてもいいし、もっといいのはコミュニケーション・ストラテジーを使って時間稼ぎをすることです。Well... をはじめ Let's see... や Let me see... あるいは Let me think... などが使えます（p.103 コラム参照）。

【Application 1 の解答例】

1. Are you going to go to a concert this weekend?
   Yes, I am. It's Chicago's. I can't wait.
   No, I'm not.
2. Will your friends visit you this weekend?
   Yes, they will. We'll have a picnic together.
   No, they won't.
3. Are you eating out tomorrow night?
   Yes, I am.
   No, I'm not. I'm eating at home.
4. Where are you planning to go for your next vacation?
   Probably Hawaii.

I'm not planning on any travel.
5. Did you drink some beer last night?
   Yes, I did. I drank too much.
   No, I didn't.
6. When are you going to take the TOEIC test?
   Next month.
   I'm still thinking.
   I'm not interested.
7. Will you see your grandparents next week?
   Yes, I will.
   No, I won't. They live too far away.
8. Are you going to finish this book?
   Yes, I am.
   Well, I'm not so sure.

【Application1 の訳】

1. あなたは今週末にコンサートに行きますか？
   はい、そうです。Chicago のコンサートです。待ちきれません。
   いいえ、行きません 。
2 あなたの友人たちは今週末にあなたのところに訪れますか？
   はい、来ます。一緒にピクニックに行くんです。
   いいえ、来ません。
3. あなたは明日の夜、外食しますか？
   はい、します。
   いいえ、しません。家で食べます。
4. あなたは次の休暇にどこに行くことを計画していますか？
   たぶんハワイです。

私は旅行の計画を立てていません。
5. 昨晩はビールを飲みましたか？
   はい、飲みました。飲みすぎました。
   いいえ、飲みませんでした。
6. あなたはいつ TOEIC を受けるつもりですか？
   来月です。
   私はまだ考え中です。
   私は興味がありません。
7. あなたは来週祖父母に会いますか？
   はい、会います。
   いいえ、会いません。彼らはとても遠くに住んでいるんです。
8. あなたはこの本を最後までやりますか？
   はい、そうです。
   うーん、それはどうかな。

第7章から第12章のコア・カンバセーションの訳

【第7章のコア・カンバセーションの訳】

Kaori: 夏の夜は暖かくて大好きだわ。Maria、そう思わない?

Maria: そうね。オフィスはとても寒いもの。冷房を強く設定しすぎなのよ。

Kaori: 気温が暖かいと幸せだわ。ホノルルにいる気がするもの。

Maria: 東京とホノルルってとても似てるわ。

Kaori: 本当? あぁ、私のことをからかっているのね。John みたいだわ。彼ったら、私のことを「まぬけ?」だと思ってるんじゃないかしら。

Maria: まさか! John はときどきあなたのことを見ているわ。John はあなたのことを気にしているわよ。それに、あなたのことをミステリアスで奥深い人だと思っているわ。だから、そう、John のことどう思ってる?

Kaori: ええと、なんでそんなこと聞くの?

Maria: John が私に聞いてくれって。

Kaori: 本当に? 彼が言ったの?

John: やあ、おふたりさん。駅までご一緒してもいい?

Kaori: あの……ごめんなさい……私、このコンビニに寄って行かないと、バイバイ!

Maria: あら、顔を赤くしちゃって。あなたのことが好きなのね。

....

【第8章のコア・カンバセーションの訳】

Maria: こんにちは、John。来てくれてありがとう。

John: いえいえ。お招きいただいてありがとう。どうぞ、ワインをもってきたよ。

Maria: まぁ、シャトー・ラロンデね。どこで手に入れたの?

John: 友だちが誕生日のプレゼントにこのワインを送ってくれたんだ。知ってるの?

Paul: 彼女はワインスクールの認定証を持ってるんだ。専門家だよ。

Maria: まだまだよ。あ、ほら、John。Kaori よ。

John: あぁ。こんにちは、Kaori。

Kaori: こんにちは。元気?

Maria: 座って、ふたりとも。ワインを持ってくるわ。ええと、Paul、話があるの。

Paul: ん? ああ、わかったよ。一緒に行くから。ふたりはここにいて、話でもしてて。

John: それで、あの……仕事はどう?

Kaori: ええと、順調よ。あなたは?

John: うまく行ってるよ。たまには、あの……その……映画にでも行かない?

Kaori: えっ、いいわよ。

Maria: さて、戻ったわ。何を話してたの?

John: 映画。Kaori、メールするね。

【第9章のコア・カンバセーションの訳】

Yumi: 七夕の物語は知ってる？

John: うん。織女の物語だろ？　天帝である彼女の父親が一日中機織りをさせるんだ。

Yumi: 彼女はひとりぼっちの星で、働き者の彦星と結婚するのよね。　でも、そしたら彦星がなまけるようになってしまったので、天帝である父親が別れさせてしまうのよ。

Maria: だけど、織女はとてもさびしくなって、父親に考え直してもらうように説得したのよね。それで、父親はふたりを1年に1度会わせてあげるの。

Kaori: 私、昔は両親と毎年このお祭に来たの。

John: Kaori は日本のお祭は好きじゃないんじゃなかったの。

Kaori: うん、でも七夕は好きなのよ。きれいだし……いい言葉が思い当たらないわ。

Maria: ロマンチック？　ところで、おふたりさん、映画はどうだったの？

Kaori: Maria……。

John: おーい、写真をとらせて！　みんな笑って！

【第10章のコア・カンバセーションの訳】

Kaori: Takahashi です。

Hiro: こんにちは、Kaori！　今日の調子はどうだい？　社長の Hiro Yamaguchi だ。

Kaori: あ、社長？　おはようござい……。

Hiro: だめだめ、英語で話さないと。私の新しい実験なんだ――英語のオフィス。

Kaori: あら、ということは、みな英語を話さなければならないんですね。

Hiro: その通り！　SenSoft はグローバルな会社だ。我々はみな英語に慣れる必要がある。

Kaori: なるほど。常に英語で話さなければいけないのでしょうか？

Hiro: 少なくとも僕がいるときにはね！　ははは！　たとえば、これからブレインストーミングの会議も英語になるよ。

Kaori: えっ、それは私には難しいかもしれません。わ、私の語彙力は乏しいですし。

Hiro: 大丈夫！　必要なときには日本語を使っていいんだ。じゃあ、次の会議で！　それでは、Kaori！

Kaori: 失礼します。しゃ、ミスター、えっと、Hiro。よい一日を。ああ、どうしよう。

【第 11 章のコア・カンバセーションの訳】

Kaori: あ、John。ビールいるかしら？
John: ありがとう……ブレインストーミングの会議であまり発言しなかったね。
Kaori: 英語で話さなければならなかったでしょう。緊張していたの。
John: とても上手なのに。それにきっといいアイデアを持っているんじゃないか。君はすごく頭がいいから。
Kaori: そう思う？　ありがとう。
John: ああ、とにかく僕がそう思っているのは確かだよ。
Hiro: では始めましょうか？　Frisco Systems の副社長、Sarah Preston をお迎えしましょう。みなさん、グラスをお持ちください。Sarah、日本へようこそ。乾杯！
Everyone: 乾杯！
Hiro: Sarah、あいさつをお願いします。僕が訳しますから。
Sarah: ありがとう、Hiro。だけど、ここでは私たちはみな同じ言葉を話しています。つまり、コンピュータの言葉です。だから、私はただ……。
Kaori: John、わからないわ。説明してくれる？
John: ごめん、僕もわからないよ。あれは僕の言葉ではないよ。

【第 12 章のコア・カンバセーションの訳】

John: このフェスティバルはすごい規模だね？
Kaori: ええ。いろいろな場所で約 300 の演奏があるのよ。
John: 全部聞くつもり？
Kaori: もう、バカなこと言わないで。パンフレットを取ってくるから、選べばいいわ。
John: かしこいね。そうだな、この雰囲気ホノルルを思い出すよ。
Kaori: ハワイが恋しい？
John: いや、日本も……仕事も……同僚も……好きだよ。
Kaori: あのう……ところで、今度の 2 月にハワイに行くの。
John: 本当!?　ハワイに引っ越すの？
Kaori: 違うわよ！　1 週間だけよ。フラの先生やお弟子さん何人かと一緒に。大きなフラのフェスティバルがあって、そこで私たちも踊るのよ。
John: それはすごい！　君の踊りをだれかがビデオに撮ることになっているの？
Kaori: ねぇ、あそこのグループの演奏を聞きましょうよ。
John: いいよ。あとでもう一度質問するから。

コミュニケーション・ストラテジーを使う②

ためらいのストラテジー

　英語を話しているとき、いろいろな理由で、次の言葉が出てこないことがあります。英語力の問題の場合もあれば、内容的に何と言っていいかわからない場合、言いたくない場合もあります。筆者がまだ英語が全然話せなかった大学1年のときに、英語関係のサークルに入って会話練習をしていたのですが、先輩たちはペラペラしゃべっているのに、自分は言葉が出ずに沈黙が続いてしまい、それで頭に血が上って、ますます話せなくなるという悪循環に陥っていました。しかし、あるときに先輩が話すのを聞いていると、言葉に詰まったときに、うまく時間稼ぎをしていることに気がつき、自分もこの「時間稼ぎ」術をやり始めて、会話が格段に楽になりました。本書の質問に答える練習をしているときでも、言葉につまったら使ってみましょう。

適切な表現が出てこないときのつなぎ言葉

　英語は、日本語よりも沈黙の時間（いわゆる間）が短い言語で、沈黙が少し続くと、すぐに誰かが言葉をつなぎます。話の途中で言葉に詰まってしまうと、会話の流れが途切れ、雰囲気が悪くなってしまうので、英語で話しているときは、ただ黙っているよりも、なにか「つなぎ言葉（filler）」を入れるべきです。ただし、同じものばかり（たとえば、uh... uh...と繰り返す）だとまずいので、以下を組み合わせて使うといいでしょう。

　Well, (let me see)... / um... / Let's see... / You know... / Uh...などが、つなぎことばとして使えます。極端にやればuh, well, I, uh...I'm, uh, you know...um...といった感じで、つなぎ言葉を言っている間に次に言うことを考えることもできます。

言いにくいことを言うときの言いよどみ

　言いたいことはわかっているが、ずばりと切り出すには気が引ける場合にも、well... / I mean... / Um... / You know...などが使えますが、Well...を使うのがもっとも典型的です。日本語の、「あの……」や「その……」に当たる表現です。

即答を避けたい場合

　相手から何かを聞かれ、即答を避けたい場合には、「考えている」ことを伝える、(Well) Let's see. / Let me see. が適切です。

第13章 進行形

進行形（be + -ing）は本質的には、「動作、状況が一時的に継続している」という意味を持ちます。「未来の表現」でも使われることを第12章で学習しましたが、ほかにもさまざまな用法で使われます。その微妙なニュアンスをマスターして使いこなしましょう。

STEP 1 ▶▶ コア・カンバセーションのリスニング

コア・カンバセーション 13

Paul からの電話

●登場人物
Kaori Takahashi / Paul Anderson

●シーンの説明
部屋でテレビを見ていた Kaori は、突然 Paul からの電話を受ける。Maria の誕生日にサプライズ・パーティーを企画しているので、Kaori に手伝ってほしいということだった。Kaori は来週に多摩川で芋煮会を開くので、そこで打ち合わせをしようと提案する。

　コア・カンバセーションを聞いてください。また、次の表現が聞こえたら、□にチェックを入れましょう。

□ **I was actually watching…**
□ **I'm calling…**
□ **…are you having…?**

　進行形の表す意味の本質は、「一時的」ということです。つまり、「ある状況が継続していて、そのままずっと続くわけではない」という意味を表します。典型的なのが動作の進行（例：He's eating.）です。また、状態を表す動詞は進行形になりにくい（I am knowing him.とは言わない）のですが、「一時的なこと」という意味を強調したい場合は、進行形が使えます。I live in Tokyo.も I am living in Tokyo.もどちらも言えますが、進行形を使ったほうは「一時的」という意味が出てきます。

　また、進行形は習慣的に起こる状況にも使えますが、その場合も一時的な習慣になります。I'm going to school by bus these days.は「最近学校にバスで行っている（いつもは別の方法で通学している）」というニュアンスがあります。He's dying.や I'm leaving.なども、dying あるいは leaving といった状況は一時的で、長くは続かないからすぐ近い未来に起こる、と考えることができます。

STEP 2 ▸▸ コア・カンバセーションの応答練習

　コア・カンバセーションを何度も聞いて、だいたい内容が理解できたら、次の各質問に答えてください。

Question 1　file_076

　音声を聞いて、次の1.〜3.の文の内容がコア・カンバセーションの内容にあっている場合にはTrue、間違っている場合にはFalseで答えてください（答えを口に出して言ってから、かっこに記入しましょう。以下も同様の手順で行ってください）。

　1.（　　　　　　　）
　2.（　　　　　　　）
　3.（　　　　　　　）

Question 2　file_077

　音声を聞いて、Yes / No で質問に答えてください。Yesの場合はYes.だけでOKですが、No.の場合はできれば続けて正しい答えも言ってください。

　4.（　　　　　　　　　　　　　）
　5.（　　　　　　　　　　　　　）
　6.（　　　　　　　　　　　　　）

Question 3　file_078

　STEP 1のコア・カンバセーションをもう一度聞きましょう。次に音声を聞いて、質問に答えてください。

　7.（　　　　　　　　　　　　　）
　8.（　　　　　　　　　　　　　）
　9.（　　　　　　　　　　　　　）

STEP 1のコア・カンバセーションのトランスクリプションです。語注も参考にしながら、内容を確認してください。(訳はp.140)

Kaori: Hello.

Paul: Hi, Kaori. This is Paul.

Kaori: Oh...hi, Paul. How are you?

Paul: Great. Uh...is this a bad time to call?

Kaori: No, not at all. I was actually watching a very stupid TV show.

Paul: Good. I'm calling to ask for your help.

Kaori: Oh, are you having trouble with your computer?

Paul: No. I'm planning a surprise birthday party for Maria. I'm wondering if you can help me.

Kaori: I'd love to! How many people are you inviting? And where are you holding the party?

Paul: I'm not sure. I need your advice.

Kaori: Sure. Um, I'm having an *imonikai* party on Sunday, by the Tama River.

Paul: Maria told me about *imonikai*. The Tohoku stew party. We'll be there.

Kaori: Great. Maybe we can talk about it then.

Paul: Good idea. But we can't let Maria hear us.

【語注】

a bad time: まずい時間（反対は a good time で、「都合のいい時間」）
stupid: ばかな、くだらない
I wonder if you can/could...: ～していただけませんか（丁寧な依頼表現）

I'd love to: よろこんで
imonikai: 芋煮会（東北地方の季節行事）
stew: シチュー、煮物

STEP 4 ▶▶ STEP 2 の解答・解説

　STEP 2 で行った応答練習の解答と解説です。左ページにあるコア・カンバセーションのスクリプトとあわせて、解答の確認をしましょう。

　進行形を使った質問にはうまく答えられたでしょうか？　ここでの使われ方は、「進行中」の意味と「近い未来」の意味のふたつです。ここでは、8.と9.が近い未来の意味で、それ以外は「進行中」の意味です。形は同じですが、コンテクストによって意味が決まります。なお、1.では、未来進行形(will be + -ing)、4.は過去進行形(was/were + -ing) が使われています。言うまでもなく、それぞれ、未来、過去における「一時的継続」の意味を表します。

【応答練習の解答】

1. Kaori will be having a party on Sunday.　True
2. Paul is having trouble with his computer.　False
3. Paul is planning a surprise party for John.　False
4. Was Kaori watching an interesting TV show?
   No, she was actually watching a very stupid TV show.
5. Is Paul planning a surprise party for Kaori?
   No, he is planning it for Maria.
6. Did John call Kaori?
   No, Paul did.
7. How many people is Paul inviting to the party?
   He's not sure. He needs Kaori's advice.
8. Where is Paul holding the surprise party?
   He's not sure. He needs Kaori's advice.
9. Who is holding a party on Sunday by the Tama river?
   Kaori will be holding a party on Sunday.

【応答練習の訳】

1. Kaori は日曜日にパーティーを開きます。
   正
2. Paul はコンピュータの問題で困っています。　誤
3. Paul は John のためにサプライズパーティーを計画しています。　誤
4. Kaori はおもしろいテレビ番組を見ていましたか？
   いいえ、彼女は実はとてもくだらないテレビ番組を見ていました。
5. Paull は Kaori のためにサプライズパーティーを計画していますか？
   いいえ、彼は Maria のためにパーティーを計画しています。
6. John は Kaori に電話をしましたか？
   いいえ、Paul がしました。
7. Paul はそのパーティーに何人くらい招待していますか？
   彼はよくわかりません。彼は Kaori のアドバイスを必要としています 。
8. Paul はどこでサプライズパーティーを開きますか？
   彼はよくわかりません。彼は Kaori のアドバイスを必要としています。
9. だれが日曜日に多摩川沿いでパーティーを開きますか？
   Kaori が日曜日にパーティーを開きます。

S<small>TEP</small> 5 ▸▸ 自分のことをスピーキング！

これからの質問は、自分自身についてのものです。自分のことにあてはめて、答えてください。

Application 1 　file_079

次の質問に答えてください。最初は必要最低限の情報（Yes. や No. など）を答えればOKですが、慣れてきたら、さらにひとこと付け加えてみましょう。うまく答えられなかった質問には、解答例（*p.*109）を参考にしながら、自分なりの答えを考えてみてください。

1. (　　　　　　　　　　　　　　　　　　　)
2. (　　　　　　　　　　　　　　　　　　　)
3. (　　　　　　　　　　　　　　　　　　　)
4. (　　　　　　　　　　　　　　　　　　　)
5. (　　　　　　　　　　　　　　　　　　　)
6. (　　　　　　　　　　　　　　　　　　　)
7. (　　　　　　　　　　　　　　　　　　　)
8. (　　　　　　　　　　　　　　　　　　　)

Application 2

次の例にしたがって、今現在やっていることを言ってみてください。

（例）Q: What are you doing right now?

I'm studying English. / I'm watching TV. / I'm riding a train in Tokyo.

Q: What are you doing right now?

・I'm (　　　　　　　　　　　　　　　　　　　).

次に、最近よくやっていることについて言ってみてください。

（例）Q: What are you doing these days?

I'm eating out very often these days.

Q: What are you doing these days?

・I'm (　　　　　　　　　　　　　　　　　　　).

STEP 6 ▶▶ STEP 5 の解答例と解説

　英語の進行形の基本的意味は、「一時的な継続」ですが、細かく分類すると①進行中の動詞（1.と4.〜7.）、②進行中の一時的習慣（5.と8.）、③近い未来（6.）になります。①と②はおおむね日本語の「〜している」にあたりますが、③は日本語にないので、最初は案外むずかしいかもしれません。前の章でも練習しましたが、まだうまく使えないようなら、③の意味を扱った第12章も含めて何度も聞いて進行形の全体像に慣れていきましょう。

【Application 1 の解答例】

1. Are you studying English right now?
   Yes, I am. I'm practicing my listening skills.
   No, I'm not.
2. Are you waiting for a call from a friend?
   Yes, I am. He said he'd call me soon.
   No, I'm not.
3. Are you eating right now?
   Yes, I am. I'm having pasta.
   No, I'm not.
4. Are you walking right now?
   Yes, I am. I'm listening to English on my iPod.
   No, I'm not.
5. Are you having lunch by yourself these days?
   Yes, I am. I eat alone at my desk.
   No, I'm not.
6. Are you going to a friend's house tomorrow night?
   Yes, I am. We're going to watch a DVD.
   No, I'm not.
7. What were you doing last night at about 9 p.m.?
   I was reading a book.
   I can't remember.
8. Are you studying Korean these days?
   Yes, I am. I'm going to Korea next week.
   No, I'm not.

【Application1 の訳】

1. あなたは今、英語を勉強していますか？
   はい、しています。リスニング・スキルの練習をしています。
   いいえ、していません。
2. あなたは友だちの電話を待っていますか？
   はい、待っています。彼がすぐに電話すると言ったので。
   いいえ、待っていません。
3. あなたは今、食事をしていますか？
   はい、しています。パスタを食べています。
   いいえ、食事はしていません。
4. あなたは今、歩いていますか？
   はい、歩いています。スマホで英語を聞いています。
   いいえ、歩いていません。
5. あなたは最近ひとりでランチを食べていますか？
   はい、ひとりで食べています。ひとりで自分の机で食べています。
   いいえ、そんなことはありません。
6. あなたは明日の夜、友だちの家に行きますか？
   はい、行きます。DVD を見るんです。
   いいえ、行きません。
7. あなたは昨夜の午後 9 時ごろ何をしていましたか？
   本を読んでいました。
   思い出せません。
8. あなたは最近、韓国語を勉強していますか？
   はい、しています。来週、韓国に行くんです。
   いいえ、していません。

第14章 完了形

完了形は、日本語で意味を考えた場合、過去形とあまり区別がつきませんが、その表す意味は過去形とは微妙に異なります。過去形との違いを認識したうえで完了形を使っていくと、さらに細かいニュアンスを伝えられるようになります。

STEP 1 ▸▸ コア・カンバセーションのリスニング

コア・カンバセーション 14

多摩川で芋煮会

●登場人物
Kaori Takahashi / Paul Anderson / Akio
Shinkawa / John Morita / Maria Nelson

●シーンの説明
Kaoriたちは、多摩川で芋煮会を楽しんでいる。Kaoriがすぐ戻ってくると言っていなくなった後、Paulは川の水でワインを冷やしてくると出かけてしまう。川辺をPaulとKaoriが歩いていると……。

Normal file_080 / Slow file_081

コア・カンバセーションを聞いてください。また、次の表現が聞こえたら、□にチェックを入れましょう。

- □ I've been to…
- □ …I've never had…
- □ …has she gone?

現在完了は、「過去の出来事を現在との関連でとらえて述べる」ときに使い、「have＋過去分詞」という形が使われます。たとえば、He has eaten lunch.といえば、ただ単に昼食を食べたというだけでなく、現在まで何らかの関連がある、ということを伝えているのです（たとえば、「だから今は何も食べられない、など」）。

その他の完了形（未来完了、過去完了）も基本的には同じで、現在完了の基準時が現在になのに対して、それぞれ基準時が未来、過去に移るということです。次の例でいえば、それぞれ 基準は、「現在」「明日の午前中」「昨日の正午」になっていて、基準時よりも前に動作が完了していることを表します。

（現在完了）I have finished my homework.
（未来完了）I will have finished my homework by tomorrow morning.
（過去完了）I had finished my homework by noon yesterday.

STEP 2 ▸▸ コア・カンバセーションの応答練習

　コア・カンバセーションを何度も聞いて、だいたい内容が理解できたら、次の各質問に答えてください。

Question 1 `file_082`

　音声を聞いて、次の 1. ～ 3. の文の内容がコア・カンバセーションの内容にあっている場合には True、間違っている場合には False で答えてください（答えを口に出して言ってから、かっこに記入しましょう。以下も同様の手順で行ってください）。

1. (　　　　　　　　)
2. (　　　　　　　　)
3. (　　　　　　　　)

Question 2 `file_083`

　音声を聞いて、Yes / No で質問に答えてください。Yes の場合は Yes. だけで OK ですが、No. の場合はできれば続けて正しい答えも言ってください。

4. (　　　　　　　　　　　　　　　)
5. (　　　　　　　　　　　　　　　)
6. (　　　　　　　　　　　　　　　)

Question 3 `file_084`

　STEP 1 のコア・カンバセーションをもう一度聞きましょう。次に音声を聞いて、質問に答えてください。

7. (　　　　　　　　　　　　　　　)
8. (　　　　　　　　　　　　　　　)
9. (　　　　　　　　　　　　　　　)

STEP 3 ▸▸ コア・カンバセーションの確認

STEP 1のコア・カンバセーションのトランスクリプションです。語注も参考にしながら、内容を確認してください。（訳は *p*.140）

Kaori: Have you guys had an *imonikai* party before?

Paul: Never.

Akio: I've been to one in Yamagata.

John: There's the Yamagata-style and Miyagi-style, right?

Kaori: John, you're so smart.

John: Thanks for the compliment, Kaori.

Kaori: Oh, Maria, could you put in some more vegetables? I'll be right back.

Maria: Okay. No problem.

Akio: You know, I've never had wine with Japanese food before. This wine goes surprisingly well.

Paul: Maria chose it. Um...I'll go and put a bottle in the river to chill.

(20 minutes later)

Maria: So, John, how many dates have you and Kaori been on so far?

Akio: You and Kaori are dating!?

John: Well, um...

Maria: Speaking of Kaori, where has she gone? And where's Paul?

Akio: Oh, I see them way over there—walking by the river together.

Maria: Oh...yeah.

【語注】

compliment: ほめ言葉、賛辞
I'll be right back.: すぐに戻ります。
chill: ～を冷やす

so far: 今までのところ
speaking of...: ～といえば

Step 4 ▸▸ STEP 2 の解答・解説

　STEP 2で行った応答練習の解答と解説です。左ページにあるコア・カンバセーションのスクリプトとあわせて、解答の確認をしましょう。

　完了形を使った質問にはうまく答えられましたか？　ここでの質問はだいたい「経験」、つまり、「〜したことがある」の意味です（1. 〜 5.）。9. は「結果」の意味で、「Paul と Kaori はどこかに行ってしまって、今いない」という意味を表しています。その他は普通の過去形です。解説でも書きましたが、過去形を使うと、ある事実を過去の事実として述べているだけですが、現在完了を使うと、過去を現在と結びつけて、今との兼ね合いで述べることになります。ふたつの形の意味・ニュアンスの違いに慣れていきましょう。

【応答練習の解答】

1. Everyone has been to an *imonikai* party.　False
2. Akio has been to an imonikai party before.　True
3. Paul and Kaori have been on a date a few times.　False
4. Has Akio been to an *imonikai* party in Miyagi before?
No, he has been to one in Yamagata.
5. Has Akio tried Japanese food with wine?
No. / Never. / No, he hasn't. / He has never tried it.
6. Did Kaori ask Maria to put in some more meat?
No, Kaori asked Maria to put in some more vegetables.
7. Who chose the wine?
Maria did.
8. Where have Kaori and Paul gone?
They are walking by the river together.
9. Who has been to an *imonikai* party in Yamagata before?
Akio has.

【応答練習の訳】

1. 全員が芋煮会に以前行ったことがあります。誤
2. Akio は以前に芋蕉会に行ったことがあります。正
3. Paul と Kaori は何回かデートをしました。誤
4. Akio は以前に宮城で芋煮会に行ったことがありますか？
いいえ、彼は山形で行ったことがあります。
5. Akio はワインと一緒に和食を食べてみたことがありますか？
いいえ。／一度もありません。／いいえ、ありません。／彼は一度もそれを試したことがありません。
6. Kaori は Maria にもう少しお肉を入れるように頼みましたか？
いいえ、Kaori は Maria にもう少し野菜を入れるように頼みました。
7. だれがワインを選びましたか？
Maria です。
8. Kaori と Paul はどこに行ってしまいましたか？
彼らは川岸を一緒に散歩しています。
9. 誰が以前、山形の芋煮会に行ったことがありますか？
Akio です。

113

S**TEP** 5 ▸▸ 自分のことをスピーキング！

これからの質問は、自分自身についてのものです。自分のことにあてはめて、答えてください。

Application 1 　`file_085`

次の質問に答えてください。最初は必要最低限の情報（Yes. や No. など）を答えればOKですが、慣れてきたら、さらにひとこと付け加えてみましょう。うまく答えられなかった質問には、解答例（*p.*115）を参考にしながら、自分なりの答えを考えてみてください。

1. (　　　　　　　　　　　　　　)
2. (　　　　　　　　　　　　　　)
3. (　　　　　　　　　　　　　　)
4. (　　　　　　　　　　　　　　)
5. (　　　　　　　　　　　　　　)
6. (　　　　　　　　　　　　　　)
7. (　　　　　　　　　　　　　　)
8. (　　　　　　　　　　　　　　)

Application 2

次の例にしたがって、今までにやったことがなく、これからやってみたいことを言ってみましょう。

（例）

I have never played mahjong. I'd like to play someday.

I have never eaten catfish. I'd like to try it someday.

I have never tried hula. I'd like to learn it someday.

My boyfriend has never been to a foreign country. He is planning to go abroad next year.

- I have never (　　　　　　　). I'd like to (　　　　　　　).
- I have never (　　　　　　　). I'd like to (　　　　　　　).
- I have never (　　　　　　　). I'd like to (　　　　　　　).
- (　　　　　) has never (　　　　　　　). (　　　　　　　).

STEP 6 ▸▸ STEP 5 の解答例と解説

　現在完了を使った質問にはうまく答えられましたか？　現在完了の基本的意味は「過去の動作の現在への影響」ですが、細かく分けると、①経験（1.〜5.）、②継続（6.）、③完了・結果（7.〜8.）となります。ここで、経験を多数練習しているのは、この意味が過去形と一番はっきり違っていて、過去形で代用しにくいうえ、コミュニケーションにおいて重要だからです。とはいえ、どの用法もよく使われるので慣れていきましょう。

【Application 1 の解答例】

1. Have you studied French before?
   Yes, I have. I did two years at university.
   No, I haven't.
2. Have you ever been to Australia?
   Yes, I have. I went there in 2003.
   No, I have never been to Australia.
3. Have you ever seen a celebrity?
   Yes, I have. I saw John Lennon in Karuizawa.
   No, I haven't.
4. Have you ever dumped a boyfriend or a girlfriend?
   Yes, I have. She cried a lot.
   No, I haven't.
5. Have you ever taken the TOEIC test?
   Yes, I have. My score was 800.
   No, I haven't.
6. How long have you been living in Japan?
   I have been living in Japan for 20 years.
   I'm not living in Japan.
7. Have you finished your college education?
   Yes, I have.
   No, I haven't. I didn't go to college. / I'm still in high school.
8. Have oil prices risen sharply recently?
   Yes they have.
   No they haven't. / I don't know.

【Application1 の訳】

1. あなたは前にフランス語を勉強したことがありますか？
   はい、あります。大学で 2 年間勉強しました。
   いいえ、ありません。
2. あなたは今までにオーストラリアに行ったことがありますか？
   はい、あります。私は 2003 年にそこに行きました。
   いいえ、私はオーストラリアに一度も行ったことがありません。
3. あなたは有名人を見たことがありますか？
   はい、あります。私は軽井沢で John Lennon を見ました。
   いいえ、ありません。
4. あなたは今までにボーイフレンドかガールフレンドを振ったことがありますか？
   はい、あります。彼女はたくさん泣きました。
   いいえ、ありません。
5. あなたは今までに TOEIC を受けたことがありますか？
   はい、あります。スコアは 800 でした。
   いいえ、ありません。
6. あなたはどれくらい日本に住んでいますか？
   私は 20 年間日本に住んでいます。
   私は日本に住んでいません。
7. あなたは大学教育を終えましたか？
   はい、終えました。
   いいえ、終えていません。私は大学に行きませんでした。／私はまだ高校生です。
8. 石油価格は最近急に値上がりましたか？
   はい、値上がりました。
   いいえ、値上がりしていません。／知りません。

第15章 空間表現

空間表現

空間表現を使って「身の回りのもの」の位置関係を説明することも、会話のうえでは必要になってきます。この章では前置詞などを使った空間表現および There is 構文を使えるようにしていきましょう。

STEP 1 ▸▸ コア・カンバセーションのリスニング

コア・カンバセーション 15

Normal file_086 / Slow file_087

会議でのアイデア

●登場人物
Hiro Yamaguchi / Nobu Kitano / Yumi
Watanabe / Kaori Takahashi / John Morita

●シーンの説明
研究開発部長の Nobu を交えて、ブレインストーミングの会議が開かれている。Kaori はリモコンを利用したアイデアを提案するが、Kaori のアイデアを膨らませた John の意見が Hiro から賞賛される。

　コア・カンバセーションを聞いてください。また、次の表現が聞こえたら、□にチェックを入れましょう。

- □ **in a home**
- □ **in the kitchen**
- □ **on the floor**
- □ **in front of the couch**

　上記の4つの表現は聞き取れましたか？　in the kitchen と、ひとまとまりでとらえて、それがそのまま、意味のある表現として理解できるようになることが自然な言語能力の習得には欠かせません。

　in [a home]、in [the kitchen]、on [the floor]、in front of [the couch] と、ひとかたまりでとらえ、その情景を思い浮かべてみましょう。日本語は前置詞でなく、後置詞（[床]に = on [the floor]）なので、英語と語順が違うため、「前置詞＋名詞」をひとつのチャンクとして理解したほうが効率がいいです。

　また、There is... という構文は、「〜がある」という意味になります。正式には、...の部分が複数名詞なら、There are... となりますが、ネイティブはしばしばthere's を使います。

STEP 2 ▸▸ コア・カンバセーションの応答練習

　コア・カンバセーションを何度も聞いて、だいたい内容が理解できたら、次の各質問に答えてください。

Question 1　file_088

　音声を聞いて、次の1.～3.の文の内容がコア・カンバセーションの内容にあっている場合にはTrue、間違っている場合にはFalseで答えてください（答えを口に出して言ってから、かっこに記入しましょう。以下も同様の手順で行ってください）。

　　1.（　　　　　　　　　）
　　2.（　　　　　　　　　）
　　3.（　　　　　　　　　）

Question 2　file_089

　音声を聞いて、Yes / No で質問に答えてください。Yesの場合はYes.だけでOKですが、No.の場合はできれば続けて正しい答えも言ってください。

　　4.（　　　　　　　　　　　　　　　　）
　　5.（　　　　　　　　　　　　　　　　）
　　6.（　　　　　　　　　　　　　　　　）

Question 3　file_090

　STEP 1のコア・カンバセーションをもう一度聞きましょう。次に音声を聞いて、質問に答えてください。

　　7.（　　　　　　　　　　　　　　　）
　　8.（　　　　　　　　　　　　　　　）
　　9.（　　　　　　　　　　　　　　　）

STEP 3 ▸▸ コア・カンバセーションの確認

STEP 1 のコア・カンバセーションのトランスクリプションです。語注も参考にしながら、内容を確認してください。（訳は *p.*141）

Hiro: Hello, everyone. Today our R&D director Nobu will lead the meeting—in English. Nobu?

Nobu: Well...there are many electric...things in a home. There's a microwave in the kitchen, a TV in the living room, a computer...on a desk.

Kaori: My computer is on the floor, in front of the couch.

Nobu: Whatever. We want to make these machines more eco-friendly. How can the software do that? Ideas?

Kaori: Um...the software shuts down the computer automatically.

Nobu: That's already on the market.

Kaori: There's a remote control in the program? For example—

John: Yeah! Maybe there are heat sensors around the house, and—

Hiro: If a machine gets too hot, the program turns it down. Excellent, John!

John: Oh, but—the remote control was Kaori's idea.

Hiro: I mean the sensors. Very creative!

John: Um...thanks.

【語注】

R&D director:（Research and Development director）研究企画部長
electric: 電気の
microwave: 電子レンジ
eco-friendly: 環境にやさしい、エコな

on the market: 市場にでまわって（厳密には空間表現ではないが、比喩的に使われている）
remote control: リモコン
turn down:（音や温度）を下げる
sensor: センサー

STEP 4 ▸▸ STEP 2 の解答・解説

　STEP 2 で行った応答練習の解答と解説です。左ページにあるコア・カンバセーションのスクリプトとあわせて、解答の確認をしましょう。

　空間表現を表す質問にはうまく答えられたでしょうか。ここでのポイントは、「上」とか、「中」とかいう日本語をとおしてではなく、直接 on や in などの音から、場面を想像できるようになることです。何度も聞いて、場面を思い浮かべてみてください。最初は日本語が出てくると思いますが、練習を繰り返すうちに、徐々にイメージが浮かぶようになると思います。それくらいになるまで練習してみましょう。

【応答練習の解答】

1. In a home, there's usually a microwave in the kitchen. True
2. In a home, there's usually a TV in the bathroom.   False
3. In a home, there's usually a computer on the couch.   False
4. Are there many electric things in a home?
   Yes, there are.
5. Is a computer usually on the floor?
   No it is not. It is usually on the desk.
6. Is a TV usually in the kitchen or in the living room?
   It is usually in the living room.
7. Where is Kaori's computer?
   It is on the floor.
8. What things are in the home?
   Electric things such as a microwave, a TV and a computer.
9. Will Nobu lead the meeting in Japanese?
   No, he will lead the meeting in English.

【応答練習の訳】

1. 家の中で、一般的に電子レンジは台所にあります。　正
2. 家の中で、一般的にテレビは浴室にあります。　誤
3. 家の中で、一般的にコンピュータは長いすの上にあります。　誤
4. 多くの電化製品が家にありますか？
   はい、あります。
5. コンピュータは一般的に床の上にありますか？
   いいえ、ありません。一般的には机の上にあります。
6. テレビは一般的に台所にありますか、それとも居間にありますか？
   一般的には居間にあります。
7. Kaori のコンピュータはどこにありますか？
   床の上にあります。
8. どんなものが家にありますか？
   電子レンジやテレビやコンピュータなどの電化製品。
9. Nobu は日本語でミーティングをリードしますか？
   いいえ、彼は英語でミーティングをリードします。

STEP 5 ▸▸ 自分のことをスピーキング！

これからの質問は、自分自身についてのものです。自分のことにあてはめて、答えてください。

Application 1　file_091

次の質問に答えてください。最初は必要最低限の情報（Yes. や No. あるいは In my bag. など）を答えれば OK ですが、慣れてきたら、さらにひとこと付け加えてみましょう。うまく答えられなかった質問には、解答例（p.121）を参考にしながら、自分なりの答えを考えてみてください。

1. (　　　　　　　　　　　　　　　　　)
2. (　　　　　　　　　　　　　　　　　)
3. (　　　　　　　　　　　　　　　　　)
4. (　　　　　　　　　　　　　　　　　)
5. (　　　　　　　　　　　　　　　　　)
6. (　　　　　　　　　　　　　　　　　)
7. (　　　　　　　　　　　　　　　　　)
8. (　　　　　　　　　　　　　　　　　)

....

Application 2

次の例にしたがって、自分の部屋にどんなものがあるか説明してください。
（例）

There's a bed in my room.

There are two pillows and a comforter on the bed.

There is a small table next to the bed.

There are two alarm clocks on the table.

There is a robot on the floor. It is a cleaning robot Roomba.

- There (　　　　　　　　　　　　　　　　　).
- There (　　　　　　　　　　　　　　　　　).
- There (　　　　　　　　　　　　　　　　　).

STEP 6 ▸▸ STEP 5 の解答例と解説

　自分の「身の回りのもの」についての質問に、うまく英語で答えることができましたか？　いくつか質問のパターンがありましたが、Is there...?の質問には、まずYes, (there is).やNo, (there isn't).と答えて、No.であればさらにどこにあるか、付け加えるといいでしょう。持ってない場合はI don't have...で、場所を指定する場合はIt is on the desk.などと答えればよいでしょう。Where is...?の質問にはIt is...で答えるのが普通ですが、It isは省略可能です。ただ、意味を伝えれば十分ですのであまり正しい形にとらわれず、自由に話してみましょう。情報を追加する場合も、1文といわず、できれば2文、3文と続けて話してみましょう。

【Application 1 の解答例】

1. Is there a computer in your room?
   Yes, there is.
   No, there isn't.
2. Where is your computer?
   It is on the desk.
   It is usually on my lap. It is a laptop computer.
   I don't have a computer.
3. Is there a TV in your room?
   Yes, there is. It is next to the desk.
   No, there isn't.
4. Is your dictionary on the shelf?
   Yes, it is.
   No, I don't have a dictionary.
5. Is your cell phone in your bag?
   Yes, it is.
   No, it is in my pocket.
6. Are there some flowers in your room?
   Yes, there are. There are some potted flowers next to the TV.
   No, there aren't.
7. What is on your dinning table right now?
   There are some books, a laptop computer, some coffee cups and so on.
   I don't have a dining table.
8. Where is this book usually?
   It is usually in my bag. / It is usually on the desk.

【Application1 の訳】

1. あなたの部屋にコンピュータはありますか？
   はい、あります。
   いいえ、ありません。
2. どこにあなたのコンピュータはありますか？
   机の上にあります。
   たいてい、私のひざの上にあります。ノートパソコンなんです。
   私はコンピュータを持っていません。
3. あなたの部屋にテレビはありますか？
   はい、あります。机の横にあります。
   いいえ、ありません。
4. あなたの辞書は棚の上にありますか？
   はい、あります。
   いいえ、私は辞書を持っていません。
5. あなたの携帯電話はあなたのかばんの中ですか？
   はい、そうです。
   いいえ、私のポケットの中です。
6. .あなたの部屋に花はありますか？
   はい、あります。鉢植えの花がテレビの横にあります。
   いいえ、ありません 。
7. 今、あなたのダイニングテーブルの上には何がありますか？
   何冊かの本と一台のノートパソコンといくつかのコーヒーカップなどがあります。
   私はダイニングテーブルを持っていません。
8. この本は普段どこにありますか？
   それは普段、私のかばんの中にあります。／それは普段、机の上にあります。

第16章 受動態

受動態（be+ 過去分詞）の役割は何でしょうか？　それは、誰が行為をしたのかをはっきり出したくないときに使う構文だと考えて、だいたい間違いありません。この章でその使い方に慣れていきましょう。

STEP 1 ▶▶ コア・カンバセーションのリスニング

コア・カンバセーション 16

Normal file_092 / Slow file_093

すれ違う2組のカップル

● 登場人物
Akio Shinkawa / Maria Nelson / Kaori Takahashi / John Morita

● シーンの説明
コーヒールームにいた Akio と Maria が、コーヒーメーカーについて話している。Kaori が来ると、Maria は Kaori の顔を見ずに出て行ってしまう。その後、John がやって来るが……。

コア・カンバセーションを聞いてください。また、次の表現が聞こえたら、□にチェックを入れましょう。

☐ **This coffee is burnt!**
☐ **It should be fixed.**
☐ **...it will be delivered...**

　受動態（be+ 過去分詞）を初めて習うときには、能動態からの書き換えとして教えられるのが普通で、次のような変換をまず教わります。

　・He killed the cat. ⇔ The cat was killed by him.

　この場合、このふたつの形の意味の違いについては無視されることが多いのですが、受動態と能動態の意味、機能は同じではありません。能動態と受動態の意味の違いを端的にいえば、能動態は「行為者」に焦点が、逆に受動態は、行為者を背景に落としてしまう、というものです。たとえば、The president fired 20 workers.という能動態の文だと、The presidentが「解雇する」という行為の主体として、はっきり示されていて、その決定も社長の主体的な行為としてとらえられます。一方、Twenty workers were fired by the president.では、解雇された20人に興味の対象が移っており、社長の重要性は低くなっています。

S**TEP** 2 ▸▸ コア・カンバセーションの応答練習

コア・カンバセーションを何度も聞いて、だいたい内容が理解できたら、次の各質問に答えてください。

Question 1　file_094

音声を聞いて、次の1.～3.の文の内容がコア・カンバセーションの内容にあっている場合にはTrue、間違っている場合にはFalseで答えてください（答えを口に出して言ってから、かっこに記入しましょう。以下も同様の手順で行ってください）。

1. (　　　　　　　　　)
2. (　　　　　　　　　)
3. (　　　　　　　　　)

Question 2　file_095

音声を聞いて、Yes / No で質問に答えてください。Yesの場合はYes.だけでOKですが、No.の場合はできれば続けて正しい答えも言ってください。

4. (　　　　　　　　　　　　　　　)
5. (　　　　　　　　　　　　　　　)
6. (　　　　　　　　　　　　　　　)

Question 3　file_096

STEP 1のコア・カンバセーションをもう一度聞きましょう。次に音声を聞いて、質問に答えてください。

7. (　　　　　　　　　　　　　　)
8. (　　　　　　　　　　　　　　)
9. (　　　　　　　　　　　　　　)

STEP 1のコア・カンバセーションのトランスクリプションです。語注も参考にしながら、内容を確認してください。（訳は*p.*141）

Akio: Hi, Maria. Agh! This coffee is burnt!

Maria: It is? I didn't notice.

Akio: The coffee maker is broken. It should be fixed.

Maria: Maybe it is. We should buy a new one. If we order one online today, it will be delivered tomorrow.

Akio: That's a good idea. Well...are you okay Maria? You look sad.

Maria: I'm just a little tired.

Kaori: Hi, you guys.

Akio: Hi, Kaori.

Maria: Sorry guys, I'm expected in a meeting. See you later, Akio.

Kaori: That's strange. Maria didn't even look at me.

Akio: I think she's just tired. Well...see you later.

Kaori: Bye.

John: Can you help me? I think this coffee maker is broken.

Kaori: Well....

John: Kaori, I did mention to Hiro that the remote control was your idea.

Kaori: Perhaps you did, but...well, I'd better get back to work.

John: OK.

【語注】

be burnt: 焦げている
fix: 〜を修理する

I'd better get back:（= I had better get back）戻らなくては

STEP 4 ▸▸ STEP 2 の解答・解説

　STEP 2 で行った応答練習の解答と解説です。左ページにあるコア・カンバセーションのスクリプトとあわせて、解答の確認をしましょう。

　受け身を使った質問にはうまく答えられたでしょうか。受け身は日本語でもよく使われる表現ですので、概念的にはそれほど難しくないと思います。しかし、きちんと文法形式が聞き取れないと理解できません。The boy chased the cat. と The boy was chased by the cat. では、意味が全然違ってきます。was chased や be chased など、「be+過去分詞」という形がすっと聞こえて、即座に受け身の意味とつながるように練習していきましょう。

【応答練習の解答】

1. The coffee maker should be fixed.
   True
2. Maria is expected in a meeting.
   True
3. A new coffee maker was delivered this morning.
   False
4. Is the coffee burnt?
   Yes. / Yes, it is.
5. Was the coffee maker fixed?

No. / No, it should be fixed.
6. Was the coffee maker broken?
   Yes, there is something wrong with it.
7. Who is expected in a meeting?
   It's Maria.
8. Did Maria look at Kaori?
   No, she didn't.
9. When will the new coffee maker be delivered, if it is ordered online today?
   Tomorrow.

【応答練習の訳】

1. そのコーヒーメーカーは修理するべきです。
   正
2. Maria は会議に出るところです。
   正
3. 今朝、新しいコーヒーメーカーが配達されました。
   誤
4. コーヒーは焦げていますか？
   はい。／はい焦げています。
5. そのコーヒーメーカーは修理されましたか？

いいえ。／いいえ、それは修理するべきです。
6. そのコーヒーメーカーは壊れていましたか？
   はい、故障しています。
7. だれが会議に出ますか？
   Maria です。
8. Maria は Kaori を見ましたか？
   いいえ、見ませんでした。
9. 今日ネットで注文したら、新しいコーヒーメーカーはいつ配達されますか？
   明日です。

STEP 5 ▸▸ 自分のことをスピーキング！

これからの質問は、自分自身についてのものです。自分のことにあてはめて、答えてください。

Application 1 `file_097`

次の質問に答えてください。最初は必要最低限の情報（Yes. やNo. など）を答えればOKですが、慣れてきたら、さらにひとこと付け加えてみましょう。うまく答えられなかった質問には、解答例（p.127）を参考にしながら、自分なりの答えを考えてみてください。

1. (　　　　　　　　　　　　　　　　　　　)
2. (　　　　　　　　　　　　　　　　　　　)
3. (　　　　　　　　　　　　　　　　　　　)
4. (　　　　　　　　　　　　　　　　　　　)
5. (　　　　　　　　　　　　　　　　　　　)
6. (　　　　　　　　　　　　　　　　　　　)
7. (　　　　　　　　　　　　　　　　　　　)
8. (　　　　　　　　　　　　　　　　　　　)

Application 2

次の例にしたがって、最近～されたことがあるか、という質問をいくつか言ってみましょう。

（例）

Q: Have you been criticized recently?

A: Yes, I was criticized by my husband.

Q: Have you (　　　　　　　　　　　　　)?

A: Yes, I was praised by my teacher.

Q: Have you (　　　　　　　　　　　　　)?

A: Yes, I was shocked by my friend's divorce.

STEP 6 ▸▸ STEP 5 の解答例と解説

　受動態（be+過去分詞）は、いろいろな形式と組み合わせることができます。①現在（1.と8.）、②過去（2.と3.）、③現在完了（4.～7.）で、それぞれ「～されている」、「～された」、「～されたことがある」の意味で使われています。現在完了の受動態は、「have been +過去分詞」なので、ひとつのかたまりとして覚えてしまいましょう。いろいろな動詞の形が出てきて、ますます複雑になってきますが、何度も音声を聞いて、形に慣れていってください。

【Application 1 の解答例】

1. Are you liked by your co-workers?
   Yes, I think so.
   No, I don't think so.
2. Was Hiroshima destroyed by an atomic bomb in 1947?
   No, it was destroyed in 1945.
3. Was your salary reduced last year?
   Yes, it was.
   No, it wasn't. / I don't have a job.
4. Have you ever been dumped by your boyfriend or girlfriend?
   Yes, I have. More than once.
   No, I haven't.
5. Have you ever been fired?
   Yes, I have. I was fired from my last job.
   No, I haven't.
6. Have you ever been hit by a car?
   Yes, I have. I was taken to the hospital.
   No, I haven't.
7. Has your wallet ever been stolen?
   Yes, it has. When I was on vacation in Madrid.
   No, it hasn't.
8. Is your father respected by his family members?
   Yes, he is.
   No, he isn't. He often argues with them.

【Application 2 の解答例】

Q: Have you (been praised recently)?
Q: Have you (been shocked recently)?

【Application1 の訳】

1. あなたは同僚から好かれていますか？
   はい、そう思います。
   いいえ、そうは思いません。
2. 広島は1947年に原子爆弾によって破壊されましたか？
   いいえ、1945年に破壊されました。
3. あなたの給料は昨年、減らされましたか？
   はい、減らされました。
   いいえ、減らされませんでした。／私は働いていません。
4. あなたはボーイフレンドかガールフレンドに振られたことがありますか？
   はい、あります。一度だけではありません。
   いいえ、ありません。
5. あなたは今までに解雇されたことがありますか？
   はい、あります。この前の仕事は解雇されたんです。
   いいえ、ありません。
6. 今までに車にひかれたことがありますか？
   はい、あります。私は病院に連れて行かれました。
   いいえ、ありません。
7. 財布を盗まれたことがありますか？
   はい、あります。マドリードにバカンスで行ったときです。
   いいえ、ありません。
8. あなたの父親は、家族から尊敬されていますか？
   はい、父は尊敬されています。
   いいえ、父は尊敬されていません。しばしば家族と口論になります。

第17章 動名詞

動名詞は、動詞と名詞の中間の働きをします。文の中での機能は名詞で「〜すること」という意味になりますが、意味がわかるだけではなく、会話でうまく使えるように慣れていきましょう。

STEP 1 ▸▸ コア・カンバセーションのリスニング

コア・カンバセーション 17

居酒屋で飲んでいる男3人

●登場人物
Akio Shinkawa / John Morita / Paul Anderson

●シーンの説明
Akio、John、Paul の3人が、居酒屋で飲んでいる。Kaori との関係がうまくいかずに落ち込む John や Maria の様子がおかしいことを不審に思う Paul に対して、彼女のいない Akio は……。

Normal file_098 / Slow file_099

　コア・カンバセーションを聞いてください。また、次の表現が聞こえたら、□にチェックを入れましょう。

- □ ...eating is important.
- □ I'm thinking of joining...
- □ I like watching '60's monster movies...

　動名詞は動詞に-ingをつけて、名詞の機能をもたせた形です。意味は「〜すること」となります（例：Walking is good for health.）。

　動名詞と次の章で扱う不定詞の名詞的用法は、どちらも名詞の役割を果たすという点で似ています。ただし、不定詞が「未来指向」で、未来に向けた行動を示すのに対して、動名詞は「現実指向」で、すでに現実となったことや現実性の高いことについて用いられます。rememberやforgetなど、不定詞も動名詞も目的語にとれる動詞では、He forgot to mail the letter.（手紙を出すのを忘れた）、He forgot mailing the letter.（手紙を出したのを忘れた）のように、「これからする動作」と、「すでに現実となった動作」の違いが表れます。動名詞しか目的語にとらない動詞は admit、appreciate、finish、stop、enjoy、give up、regretなどで、「すでに起こった、もしくは（習慣的に）起こりつつある現象」について使われます。

STEP 2 ▸▸ コア・カンバセーションの応答練習

コア・カンバセーションを何度も聞いて、だいたい内容が理解できたら、次の各質問に答えてください。

Question 1 　file_100

音声を聞いて、次の1.～ 3.の文の内容がコア・カンバセーションの内容にあっている場合にはTrue、間違っている場合にはFalseで答えてください（答えを口に出して言ってから、かっこに記入しましょう。以下も同様の手順で行ってください）。

　　1. (　　　　　　　　)
　　2. (　　　　　　　　)
　　3. (　　　　　　　　)

Question 2 　file_101

音声を聞いて、Yes / No で質問に答えてください。Yesの場合はYes.だけでOKですが、No.の場合はできれば続けて正しい答えも言ってください。

　　4. (　　　　　　　　　　　　　　　　)
　　5. (　　　　　　　　　　　　　　　　)
　　6. (　　　　　　　　　　　　　　　　)

Question 3 　file_102

STEP 1のコア・カンバセーションをもう一度聞きましょう。次に音声を聞いて、質問に答えてください。

　　7. (　　　　　　　　　　　　　　　　)
　　8. (　　　　　　　　　　　　　　　　)
　　9. (　　　　　　　　　　　　　　　　)

STEP 1のコア・カンバセーションのトランスクリプションです。語注も参考にしながら、内容を確認してください。(訳は p.142)

John: Paul, I'm going to get another beer.

Paul: Take it easy, John. Drinking too fast is dangerous.

Akio: And eating is important. What should we order, John?

John: I don't know. I'm not good at reading menus. And I'm not so hungry.

Paul: You seem depressed, John.

John: I've been thinking...Maybe dating a co-worker is a bad idea.

Paul: Is there trouble between you and Kaori?

John: Well...there was this meeting. She thinks I stole her idea or something. Anyway...how's the party planning, Paul?

Paul: All right. But Maria's acting strange, too. She seems angry with me. How are things with you, Akio?

Akio: I'm thinking of joining an online dating site. Do you have any advice?

Paul: You should write, "I'm an intelligent, sophisticated businessman." Then talk about your interests.

Akio: Let's see... "I like watching '60s monster movies, drinking beer, playing computer games..."

John: This needs some fine-tuning.

【語注】

be depressed: 落ち込んでいる
co-worker: 同僚
or something: とかなんとか、みたいな (or something like that の略)

sophisticated: 洗練された、教養のある
fine-tuning: 微調整

STEP 4 ▸▸ STEP 2 の解答・解説

　STEP 2 で行った応答練習の解答と解説です。左ページにあるコア・カンバセーションのスクリプトとあわせて、解答の確認をしましょう。

　動名詞を使った質問にうまく答えられたでしょうか。 動名詞は、理屈の上では難しいことはなく、だいたいにおいて、「〜すること」という日本語の表現と一致します。主語になったり（1.、4. 〜 5.）動詞の目的語（3.、9.）になったり前置詞の目的語（2.、7. 〜 8.）になったりするので、どの位置に出てきてもうまく処理できるように何度も聞いて慣れておきましょう。

【応答練習の解答】

1. Drinking too fast is dangerous.
   True
2. John is good at reading menus.
   False
3. Akio likes playing computer games.
   True
4. Is eating important?
   Yes. / Yes, it is.
5. Is drinking too fast safe?
   No, it is dangerous.
6. Does John seem depressed?
   Yes. / Yes, he does.
7. Who is not good at reading menus?
   (It's) John.
8. Who is thinking of joining an online dating site?
   (It's) Akio.
9. What does Akio like doing?
   He likes watching '60s monster movies, drinking beer, playing computer games, and so forth.

【応答練習の訳】

1. 速すぎるペースで飲むのは危険です。
   正
2. John はメニューを読むのが得意です。
   誤
3. Akio はコンピュータゲームをするのが好きです。
   正
4. 食べることは重要ですか？
   はい。／はい、それは重要です。
5. 速すぎるペースで飲むのは安全ですか？
   いいえ、それは危険です。
6. ジョンは落ち込んでるように見えますか？
   はい。／はい、彼はそう見えます。
7. メニューを読むのが得意ではないのはだれですか？
   （それは）John です。
8. だれがネットのデート会員になることを考えていますか？
   （それは）Akio です。
9. Akio は何をすることが好きですか？
   彼は 60 年代の怪獣映画を見ることやビールを飲むことやコンピュータゲームをすることなどが好きです。

STEP 5 ▸▸ 自分のことをスピーキング！

これからの質問は、自分自身についてのものです。自分のことにあてはめて、答えてください。

Application 1 ▐ file_103

次の質問に答えてください。最初は必要最低限の情報（Yes. や No. など）を答えればOKですが、慣れてきたら、さらにひとこと付け加えてみましょう。うまく答えられなかった質問には、解答例（p.133）を参考にしながら、自分なりの答えを考えてみてください。

1. (　　　　　　　　　　　　　　　)
2. (　　　　　　　　　　　　　　　)
3. (　　　　　　　　　　　　　　　)
4. (　　　　　　　　　　　　　　　)
5. (　　　　　　　　　　　　　　　)
6. (　　　　　　　　　　　　　　　)
7. (　　　　　　　　　　　　　　　)
8. (　　　　　　　　　　　　　　　)

Application 2

次の例にしたがって、いまやろうとしていることを言ってみてください。
（例）
Q: What's your plan for this evening?
A: I'm thinking of going out with a friend.

◆自分の予定①
Q: What's your plan for this evening?
A: I'm thinking of (　　　　　　　　).
Q: What's your plan for this weekend?
A: I'm thinking of (　　　　　　　　).
Q: What's your plan for the next vacation?
A: I'm thinking of (　　　　　　　　).

STEP 6 ▸▸ STEP 5 の解答例と解説

　動名詞を使った質問にはうまく答えられましたか？　動名詞は形（-ing）も意味（〜すること）も一定していてそれほど難しくないので、今回の質問にはうまく答えられたのではないかと思います。Do you like...?の質問に対しては、その後に理由などの情報を付け加えるとよいでしょう。

【Application 1 の解答例】

1. Do you like watching TV?
   Yes, I do.
   No, I don't. I find it boring.
2. Do you like reading books?
   Yes, I do. I read every day.
   No, I don't.
3. Do you like studying English?
   Yes, I do. It's a fun hobby.
   No, I don't.
4. Are you good at getting up early?
   Yes, I am.
   No, I'm not. I often oversleep.
5. Are you thinking of using an online dating service?
   Yes, I am.
   No, I'm not. I'm married. / I have a boyfriend.
6. Does speaking English make you feel good?
   Yes, it does.
   No, it doesn't. It makes me frustrated.
7. Is jogging good for your health?
   Yes, it is. It helps you lose weight.
   No, it isn't.
8. Is dating a co-worker a bad idea?
   Yes, I think so.
   No, I don't think so.

【Application1 の訳】

1. テレビを見るのは好きですか？
   はい、好きです。
   いいえ、好きではありません。テレビは退屈だと思います。
2. 読書は好きですか？
   はい、好きです。毎日読みます。
   いいえ、好きではありません。
3. 英語を勉強するのは好きですか？
   はい、好きです。楽しい趣味です。
   いいえ好きではありません。
4. 早起きは得意ですか？
   はい、得意です。
   いいえ、得意ではありません。よく寝坊します。
5. あなたはネットのデート会員になることを考えていますか？
   はい、考えています。
   いいえ、考えていません。私は結婚しています。／私にはボーイフレンドがいます。
6. 英語を話すことであなたはいい気分になりますか？
   はい、なります。
   いいえ、なりません。いらいらしてしまいます。
7. ジョギングすることは健康にいいですか？
   はい、そうです。体重を減らすのに役立ちます。
   いいえ、よくはありません。
8. 同僚とデートするというのはまずい考えでしょうか？
   はい、私はそう思います。
   いいえ、私はそうは思いません。

第18章 不定詞

不定詞 はいくつかの用法があって混乱するかもしれませんが、いろいろな意味（〜するために、〜して、〜すること）をもつ動詞の表現形式だと考えておけば大丈夫です。

STEP 1 ▶▶ コア・カンバセーションのリスニング

コア・カンバセーション 18

クリスマスのデート中に

●登場人物
Paul Anderson / Maria Nelson / John Morita

●シーンの説明
Paul と Maria はクリスマスのデートで、イルミネーションを見ている。Maria は、芋煮会で Paul が Kaori と会っていたことについて尋ねるが、Paul からは信じてほしいと言われるだけだった。

Normal file_104 / Slow file_105

コア・カンバセーションを聞いてください。また、次の表現が聞こえたら、□にチェックを入れましょう。

☐ **I was just emailing her to ask about...**
☐ **There was no reason to tell you.**
☐ **Happy to see you...**

「to +動詞原形」を不定詞と呼ぶのは、to go や to love などは、時制あるいは主語の数などが決まっておらず、「不定」だからです。過去のことでも to went となりませんが、不定詞が過去のことを言っているかどうかは、文全体で決まるのです。

形容詞的用法:名詞を修飾する用法で、不定詞は名詞を後ろから修飾します。意味は「〜する（べき）……」となり、たとえば something [to drink]で「飲み物」となります。コア・カンバセーションの no reason [to tell you]もこの用法です。

名詞的用法:名詞の役割を果たし、基本的には「〜すること」という意味です。

副詞的用法:①「〜するために」という意味を持つ「目的」の用法（例：We turned off the lights to save energy.）、②「〜して／〜が原因で」という意味になる「（感情の）原因」の用法（例：I'm happy to see you.）、③「その結果〜した」という意味を持つ「結果」の用法（例：He lived to be 80.）があります。

134

STEP 2 ▸▸ コア・カンバセーションの応答練習

コア・カンバセーションを何度も聞いて、だいたい内容が理解できたら、次の各質問に答えてください。

Question 1　file_106

音声を聞いて、次の1. ～ 3.の文の内容がコア・カンバセーションの内容にあっている場合にはTrue、間違っている場合にはFalseで答えてください（答えを口に出して言ってから、かっこに記入しましょう。以下も同様の手順で行ってください）。

1. (　　　　　　　　)
2. (　　　　　　　　)
3. (　　　　　　　　)

Question 2　file_107

音声を聞いて、Yes / No で質問に答えてください。Yesの場合はYes.だけでOKですが、No.の場合はできれば続けて正しい答えも言ってください。

4. (　　　　　　　　　　　　　　)
5. (　　　　　　　　　　　　　　)
6. (　　　　　　　　　　　　　　)

Question 3　file_108

STEP 1のコア・カンバセーションをもう一度聞きましょう。次に音声を聞いて、質問に答えてください。

7. (　　　　　　　　　　　　　　)
8. (　　　　　　　　　　　　　　)
9. (　　　　　　　　　　　　　　)

STEP 1 のコア・カンバセーションのトランスクリプションです。語注も参考にしながら、内容を確認してください。（訳は p.142）

> **Paul:** This is beautiful, isn't it?
> **Maria:** It's so crowded. It's hard to see the lights.
> **Paul:** Maria, you seem to be mad at me lately. What's wrong?
> **Maria:** Well...remember the
>
>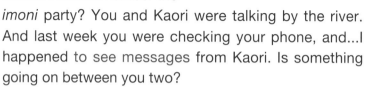
>
> *imoni* party? You and Kaori were talking by the river. And last week you were checking your phone, and...I happened to see messages from Kaori. Is something going on between you two?
> **Paul:** Of course not! I was just emailing her to ask about a computer problem.
> **Maria:** You didn't tell me that.
> **Paul:** There was no reason to tell you. Maria, you have to trust me. And Kaori. Besides, she's going out with John, isn't she?
> **Maria:** Well...yeah.
> **John:** Hi! What a coincidence! Happy to see you guys here.
> **Paul:** Hey, John! Where's Kaori?
> **John:** I don't know. We're not talking these days.
> **Maria:** Oh.

【語注】

What's wrong?: 何かあったの？、大丈夫？
（心配して）
happen to...: 偶然〜する

trust: 〜を信頼する、信用する
What a coincidence!: すごい偶然だね！

STEP 4 ▸▸ STEP 2 の解答・解説

STEP 2 で行った応答練習の解答と解説です。左ページにあるコア・カンバセーションのスクリプトとあわせて、解答の確認をしましょう。

　不定詞を使った質問にはうまく答えられましたか？　不定詞（to+動詞原形）にはさまざまな使い方があり、それぞれ前後関係によって意味が決まるのでやっかいな代物です。意味的に動名詞に近いのが名詞用法（～すること）で、3.と7.で使われています。副詞用法は目的（～するため）が2.に、感情の原因（～して）が6.にあります。また、形容詞用法は4.にありますが、reason という名詞を修飾しています。その他、1.の seem to や、5.と8.の happen to（たまたま～する）は、熟語として覚えてしまうのが効率的です（面倒なことを言えば名詞用法なんですが、そんなことは気にしなくても英語は使えます）。

【応答練習の解答】

1. Maria seems to be mad at Paul lately.　True
2. Paul was emailing Maria to ask about a computer problem. False
3. John asked Maria to trust him. False
4. Was there any reason for Paul to tell Maria about his emailing Kaori?
   No, there wasn't.
5. Did Maria happen to see messages to Paul from Yumi?
   No, she didn't. She saw messages from Kaori to Paul.
6. Was Maria surprised to see Kaori and John talking by the river?
   No, Maria was surprised to see Kaori and Paul talking by the river.
7. Who did Paul ask to trust him?
   He asked Maria (to trust him).
8. What did Maria happen to see?
   Messages from Kaori.
9. Is something going on between John and Maria?
   No, nothing seems to be going on between them.

【応答練習の訳】

1. Maria は最近 Paul に対して怒っているようです。　正
2. Paul はコンピュータの不具合についてたずねるために Maria にメールをしていました。誤
3. John は Maria に信じてもらうように頼みました。　誤
4. Paul が Kaori にメールすることについて Maria に話す理由はありましたか？
   いいえ、ありませんでした。
5. Maria は Yumi から Paul へのメッセージを偶然に見てしまいましたか？
   いいえ、見ていません。彼女は Kaori から Paul へのメッセージを見ました。
6. Maria は Kaori と John が川岸で話しているのを見て驚きましたか？
   いいえ、Maria は Kaori と Paul が川岸で話しているのを見て驚きました。
7. Paul はだれに信じてくれと頼みましたか？
   彼は Maria に（信じてくれと）頼みました。
8. Maria は何を偶然に見てしまいましたか？
   Kaori からのメッセージ。
9. John と Maria の間には何かありますか？
   いいえ、何も彼らの間にはなさそうです。

Step 5 ▸▸ 自分のことをスピーキング！

これからの質問は、自分自身についてのものです。自分のことにあてはめて、答えてください。

Application 1　**file_109**

次の質問に答えてください。最初は必要最低限の情報（Yes. や No. など）を答えれば OK ですが、慣れてきたら、さらにひとこと付け加えてみましょう。うまく答えられなかった質問には、解答例（p.139）を参考にしながら、自分なりの答えを考えてみてください。

1. (　　　　　　　　　　　　　　　)
2. (　　　　　　　　　　　　　　　)
3. (　　　　　　　　　　　　　　　)
4. (　　　　　　　　　　　　　　　)
5. (　　　　　　　　　　　　　　　)
6. (　　　　　　　　　　　　　　　)
7. (　　　　　　　　　　　　　　　)
8. (　　　　　　　　　　　　　　　)

Application 2

次の例にしたがって、いまやろうとしていることを言ってみてください。
（例）
Q: What's your plan for this evening?
A: I want to go out with a friend.

◆自分の予定②

Q: What's your plan for this evening?
A: I want to (　　　　　　　　　　　　　　　).
Q: What's your plan for this weekend?
A: I'd like to (　　　　　　　　　　　　　　　).
Q: What's your plan for the next vacation?
A: I plan to (　　　　　　　　　　　　　　　).
Q: What's your plan for next year?
A: I'm hoping to (　　　　　　　　　　　　　　　).

STEP 6 ▸▸ STEP 5 の解答例と解説

　不定詞を使った質問にはいろいろな意味があって、使いこなすのが大変だと思われます。ここで繰り返し練習して、基本的なものは使いこなせるようにしておきましょう。

　まず、1. と 2. は「〜するために」という意味の目的の副詞的用法です。3. と 4. は「〜する（ための）」という意味の形容詞的用法、5. と 6. は「〜すること」という名詞用法になります。7. は感情の原因を表す副詞用法で、日本語の「〜して」という感じで使われます。8. は seem to の idiom です。

【Application 1 の解答例】

1. Are you using this book to improve your speaking ability?
   Yes, I am. Speaking is my weakest area.
   No, I'm not.
2. Do you turn lights off to save electricity?
   Yes, I do. I do it to save money too.
   No, I don't.
3. Do you have something to drink with you right now?
   Yes, I do. I have a beer. / I have a coffee.
   No, I don't.
4. Do you have something important to do today?
   Yes, I do. I have to go to the post office. / I have to give a presentation.
   No, I don't.
5. What do you use to listen to music?
   I use my iPod.
6. Do you want to live in Hawaii?
   Yes, I do. Hawaii is my favorite place.
   No, I want to live in London.
7. Do you want your friends to be nice to you?
   Yes, of course!
   No, I don't care.
8. Does your mother seem to be unhappy these days?
   Yes, she does.
   No, she doesn't. She seems to be happy. / I don't know.

【Application1 の訳】

1. あなたは会話力を上げるためにこの本を使っていますか？
   はい、そうです。スピーキングが最も苦手な領域なので。
   いいえ、そうではありません。
2. あなたは節電するために電気を消しますか？
   はい、消します。お金を節約することにもなります。
   いいえ、消しません。
3. あなたは今、飲みものがありますか？
   はい、あります。ビールがあります。／私はコーヒーがあります。
   いいえ、ありません。
4. あなたは今日、やるべき重要なことがありますか？
   はい、あります。私は郵便局に行かなければいけません。／私はプレゼンをしなければいけません。
   いいえ、ありません。
5. あなたは音楽を聞くのに何を使いますか？
   私は iPod を使います。
6. あなたはハワイに住みたいですか？
   はい、住みたいです。ハワイは私のお気に入りの場所です。
   いいえ、私はロンドンに住みたいと思っています。
7. あなたは友人たちに親切にしてもらいたいですか？
   はい、もちろんです！
   いいえ、どうでもいいです。
8. 最近、あなたのお母さんは不満そうですか？
   はい、彼女はそう見えます。
   いいえ、彼女はそう見えません。彼女は幸せそうです。／私にはわかりません。

第 13 章から第 18 章のコア・カンバセーションの訳

【第 13 章のコア・カンバセーションの訳】

Kaori: もしもし。
Paul: やあ、Kaori。Paul だよ。
Kaori: あら、こんにちは、Paul。元気？
Paul: とても。今、電話まずいかな？
Kaori: いいえ、全然大丈夫。実はとてもくだらないテレビ番組を見ていたところだから。
Paul: よかった。頼みがあって、電話しているんだけど。
Kaori: あら、コンピュータのトラブルで困ってるの？
Paul: 違うよ。Maria の誕生日にサプライズ・パーティーを計画してるんだ。手伝ってくれないかなと思って。
Kaori: よろこんで！　何人くらい呼ぶつもりなの？　それとどこでパーティーをやるの？
Paul: どうすればいいかと思って。アドバイスがほしいんだよ。
Kaori: いいわよ。日曜日に多摩川沿いで芋煮会をするんだけど。
Paul: 芋煮会のことは Maria から聞いたよ。東北地方のシチュー・パーティーだよね。ふたりで行くよ。
Kaori: よかったわ。そのときに話してもいいわね。
Paul: それはいいな。だけど、Maria に聞かれてはだめだよ。

....

【第 14 章のコア・カンバセーションの訳】

Kaori: みんな、前に芋煮会はしたことある？
Paul: 一度もないな。
Akio: 山形のやつに行ったことがあるよ。
John: 山形式と宮城式があるんだろう？
Kaori: John、よく知っているわね。
John: Kaori、ほめてくれてありがとう。
Kaori: あ、Maria。もう少し野菜を入れてくれる？　すぐ戻ってくるわ。
Maria: わかったわ。任せておいて。
Akio: おれ、日本食と一緒にワイン飲むの初めてだ。このワイン驚くほどよく合うよ。
Paul: Maria が選んだんだ。えっと、川の水でワインを冷やしてくるよ。
(20 分後)
Maria: それで、John。今までに Kaori と何回くらいデートしたの？
Akio: え、Kaori と付き合ってるの!?
John: え、その……。
Maria: Kaori といえば、どこへ行ってしまったのかしら？　それに Paul も？

Akio: あ、あっちの方にふたりが見えるよ——川べりを一緒に歩いているよ。
Maria: あら、本当。

【第 15 章のコア・カンバセーションの訳】

Hiro: みなさん、こんにちは。今日は研究開発部長の Nobu が会議を……英語で仕切ってくれます。では、Nobu ？
Nobu: えっと、家の中には……たくさんの電化製品があります。
台所には電子レンジが、居間にはテレビが、机の上にはコンピュータが。
Yumi: 私のコンピュータは床に置いてあるわ。ソファーの前の。
Nobu: なんでもいいよ。われわれはこれらの電化製品をよりエコ化したいのです。
どんなソフトならそれが可能でしょうか？　アイデアはありませんか？
Kaori: えっと、ソフトがコンピュータを自動的にシャットダウンするとか。
Nobu: それはもう売り出されてます。
Kaori: なら、プログラムにリモコンが内蔵されているとか？　たとえば……。
John: そうだ！　熱センサーが家についてたりして……。
Hiro: 機械が熱くなりすぎたら、プログラムが温度を下げてくれるのか。すばらしいぞ、John。
John: あ、だけど……リモコンは Kaori のアイデアだから。
Hiro: センサーがという意味だよ。とてもクリエイティブだ！
John: あ、ありがとうございます。

【第 16 章のコア・カンバセーションの訳】

Akio: やあ、Maria。うわっ！　このコーヒー焦げているよ！
Maria: そう？　気がつかなかったわ。
Akio: このコーヒーメーカー壊れているよ。修理しないと。
Maria: そうかもね。でも、新しいのを買うべきよ。今日ネットで注文したら、明日には届くわ。
Akio: それはいい考えだね。あの……Maria、大丈夫？　落ち込んでいるようだけど。
Maria: ちょっと疲れているだけよ。
Kaori: みなさん、どうも。
Akio: やあ、Kaori。
Maria: ごめんなさい、会議に行かなくちゃ。Akio、あとでね。
Kaori: 変だわ。Maria は私のことを見もしなかった。
Akio: 疲れているだけだと思うよ。じゃあ、あとで。
Kaori: またね。
John: 助けてくれる？　このコーヒーメーカー壊れていると思うんだ。
Kaori: ええと……。

【第17章のコア・カンバセーションの訳】

John: Paul、ビールもう一杯いくぞ。
Paul: 落ち着けよ、John。あまり速く飲みすぎると危険だからな。
Akio: それに、食べることも大事だぜ。何を頼む、John？
John: わかんないよ。メニューを見るのは苦手だし、あまりお腹すいてないんだ。
Paul: John、何だか落ち込んでるようだな。
John: ずっと考えていたんだ……同僚と付き合うのはよくないかもしれないって。
Paul: Kaori と何かトラブルでもあったのか？
John: えっと、ある会議でさ。彼女は、僕が彼女のアイデアを盗んだみたいに思っているんだ。それはおいといて、パーティの計画はどう？
Paul: 順調さ。でも、Maria の様子も何か変なんだ。僕のこと怒っているみたい。Akio はどう？
Akio: ネットのデート会員になろうかと思って。何かアドバイスある？
Paul: 「僕は知的で洗練されたビジネスマンです」って書くべきだな。それで自分の趣味について書く。
Akio: そうだなあ……「好きなことは、60年代の怪獣映画を見ること、ビールを飲むこと、コンピュータゲームをすること……」
John: 微調整が必要だな。

....

【第18章のコア・カンバセーションの訳】

Paul: きれいだね？
Maria: すごい人混みね。イルミネーションが見にくいわ。
Paul: Maria、何か最近僕に対して怒っているみたいだけど。何がいけないんだ？
Maria: ほら、芋煮会のこと覚えてる？　あなたと Kaori が川辺で話していたわ。で、先週あなたが電話をチェックしているときに Kaori からのメッセージを偶然見てしまったの。ふたりの間に何かあるの？
Paul: もちろん何もないよ！　彼女にはコンピュータのトラブルについてメールしていただけだよ。
Maria: そのこと私には何も言わなかったわ。
Paul: 言う理由がなかったから。Maria、僕を信じなくちゃ。そして、Kaori のことも。それに、彼女は John と付き合ってるんだろう？
Maria: まぁ……そうだけど。
John: やあ、偶然だね。会えてうれしいよ。
Paul: やあ、John！　Kaori はどこだい？
John: 知らない。最近話してないんだ。
Maria: あら。

コミュニケーション・ストラテジーを使う③

理解を確認する

　会話では、相手に本当にわかってもらえているのかを確認する必要が出てきます。自分の言ったことが相手に理解してもらえたかどうかを確認したいときは、You know what I mean?と言えます。ほかに、Am I clear?という言い方もよく使います。逆に、相手の言ったことを自分がきちんと理解しているかはっきりしないときは、Do you mean...?もしくは、Are you saying...?といって自分の理解が正しいかどうかを確認することができます。

誤解をとく

　相手が自分の言っていることを誤解している場合には、That's not what I mean.（わたしは、そう言っているのではない）やI didn't say that.（そうは言っていない）といった表現が使えます。その後で、What I wanted to say was... / What I meant was...などと続けて、誤解を解くことができます。

言い間違いを修正する表現

　もっとも一般的なのが、I meanですが、Excuse me. / Pardon me. も使えます。I meanは、つい言い間違えをしてしまった場合に、たとえばI'll see you on Saturday, I mean Sunday.（土曜日に。いや、日曜日に会いましょう）というふうに使えます。また、相手に誤解を与えそうなことを言ってしまった場合、たとえばI think he's a jerk. I mean, he's not very nice.（彼ってむかつく、いや、いい人ではないわ）にも使えます（第15章のコア・カンバセーションでHiro が"I mean sensors."と使っています）。

話題を変える（話題の回避）

　自分があまり得意ではないことについて話すのが難しいときは、うまくトピックを変えるのが効果的です。よく使うのが (Oh,) By the way.ですが、日本語の「ところで」が唐突に話題を変えられるのに対して、By the way は、何か言い忘れていたことを、「あ、そうそう思い出した」といったニュアンスで話題を変更するのです。似た表現に、Oh, that reminds me (of something.)「それで思い出した」があります。どちらもinformalでもformalでも使えます。

　それた話題をもとに戻すのには、Anywayが使えます。口語では、Anywaysという形もあります。

第19章 複文

さて、ここまではすべて単文を練習してきましたが、もう少し複雑なことを語るには単文を組み合わせて、複文を作らなければなりません。ここでは複文のいくつかのパターンに慣れていきましょう。

STEP 1 ▸▸ コア・カンバセーションのリスニング

コア・カンバセーション 19

Normal file_110 / Slow file_111

新年会でうれしいニュース

●登場人物
Hiro Yamaguchi / John Morita / Yumi
Watanabe / Akio Shinkawa / Kaori Takahashi

●シーンの説明
SenSoft の社員たちは、Hiro の自宅で行われる新年会に招待されていた。そこで、Kaori は Hiro からリモコンのアイデアをほめられる。そして、John も含めた「エコ・ソフト」のチームリーダーに任命される。

コア・カンバセーションを聞いてください。また、次の表現が聞こえたら、□にチェックを入れましょう。

- □ **We know SenSoft makes great products.**
- □ **Can you tell me what this is?**
- □ **John thinks you should be the team leader.**

単文と単文をつないで、より複雑な文を作るときに使われるのが接続詞です。接続詞には、andやbutなどふたつの文を対等につなぐ「等位接続詞」と、従属節を導く「従属接続詞」があります。従属節には、「名詞節」「副詞節」「形容詞節」がありますが、今回は名詞の役割をする名詞節について練習します。よく使われるパターンは、know / believe / ask / say など「知識・情報に関する動詞」と、thatやif / whether / what / where などの疑問詞の組み合わせです。

・I know (that) he is sick.（私は彼が病気だと知っている）
・I asked him whether he will come.（わたしは彼が来るかどうか尋ねた）

なお、that は会話では普通省略されるので、コア・カンバセーションではすべて省略されています。STEP 2のQuestion 1 ～ 3ではややフォーマルなので、thatの入っている質問もありますが、もちろん省略も可能です。

STEP 2 ▸▸ コア・カンバセーションの応答練習

　コア・カンバセーションを何度も聞いて、だいたい内容が理解できたら、次の各質問に答えてください。

Question 1　file_112

　音声を聞いて、次の1. ～ 3.の文の内容がコア・カンバセーションの内容にあっている場合にはTrue、間違っている場合にはFalseで答えてください（答えを口に出して言ってから、かっこに記入しましょう。以下も同様の手順で行ってください）。

　　1.（　　　　　　　）
　　2.（　　　　　　　）
　　3.（　　　　　　　）

Question 2　file_113

　音声を聞いて、Yes / No で質問に答えてください。Yesの場合はYes.だけでOKですが、No.の場合はできれば続けて正しい答えも言ってください。

　　4.（　　　　　　　　　　　　）
　　5.（　　　　　　　　　　　　）
　　6.（　　　　　　　　　　　　）

Question 3　file_114

　STEP 1のコア・カンバセーションをもう一度聞きましょう。次に音声を聞いて、質問に答えてください。

　　7.（　　　　　　　　　　　　）
　　8.（　　　　　　　　　　　　）
　　9.（　　　　　　　　　　　　）

STEP 1のコア・カンバセーションのトランスクリプションです。語注も参考にしながら、内容を確認してください。（訳は *p.*180）

Hiro: We know SenSoft makes great products. I believe we can help the planet, too. Let's work towards another successful year!

Everyone: Happy new year!

Hiro: I hope you enjoy this party, and please speak English while you're at it!

John: Hey, Yumi. Can you tell me what this is?

Yumi: It's *kazunoko*...a type of fish egg. Try it. Would you like some beer, John?

John: Yes!

Akio: Kaori, do you know when Maria is coming back from America?

Kaori: Hi, Akio. Um, I believe she's coming back on the 7th. I hope she's in a better mood when she gets back.

Hiro: Oh, Kaori! I forgot if I told you your remote control idea was excellent.

Kaori: But...you said...

Hiro: John's idea was creative, but not practical. You have technical know-how. I'm sure you'll be great teammates.

Kaori: Teammates?

Hiro: You and John will be on the new "eco-software" team. John thinks you should be the team leader. I agree. You should talk to him.

Kaori: Yes. Maybe I should.

【語注】

planet: 惑星（ここでは地球のこと）　　in a better mood: もっとよい気分で
while you're at it: それをやっている間　　practical: 実用的な

STEP 4 ▸▸ STEP 2 の解答・解説

　STEP 2 で行った応答練習の解答と解説です。左ページにあるコア・カンバセーションのスクリプトとあわせて、解答の確認をしましょう。

　さて、この章で初めて複文が出てきました。文法的には複雑ですが、I think などはひとまとまりで、probably のように推測を表す副詞のように使われているという説もあり、それほど難しくはありません。この手の「思う (think / believe / be sure)」や、「言う (say / tell)」ことの内容を that で表す従属節が1.や3.あるいは5.や9.などに登場しています。それに対して、よくわからないことを「尋ねる (ask)」場合や、知っている (know) ことを表すときには、what / when / why などの疑問詞が2.や4.や6.で、if / whether の「〜かどうか」が3.と7.に使われています。このタイプは、間接疑問文と学校文法では呼ばれています。なお、3.は、このふたつがともに入った二重に複雑な文なので、注意が必要です。

【応答練習の解答】

1. Hiro believes that SenSoft can help the planet.　True
2. Kaori knows when Maria is coming back from America. True
3. Hiro has forgotten whether he told Kaori that her idea was excellent.　True
4. Did John know what *kazunoko* was? No, he didn't.
5. Is Hiro sure that John and Kaori will be good teammates?
   Yes, he is.
6. Does Akio know when Maria is coming back?
   No, he doesn't. That's why he asked Kaori.
7. Who asked if John would like some beer?
   Yumi did.
8. Who told everyone to have a good time and speak English?
   Hiro did.
9. Who told Kaori that John's idea was creative but not practical?
   Hiro did.

【応答練習の訳】

1. Hiro は SenSoft が環境保護に貢献できると信じています。　正
2. Kaori は Maria がいつアメリカから戻ってくるかを知っています。　正
3. Hiro は Kaori に彼女の考えはすばらしいと言ったかどうかを忘れていました。　正
4. John は数の子が何かを知っていましたか？ いいえ、知りませんでした。
5. Hiro は John と Kaori が良いチームメートになることを確信していますか？
   はい、確信しています。
6. . Akio は Maria がいつ戻ってくるかを知っていますか？
   いいえ、彼は知りません。それで彼は Kaori にたずねたのです。
7. John がビールを飲みたいどうか、だれがたずねましたか？
   Yumi がたずねました。
8. だれがみんなに楽しく過ごして英語を話すように言いましたか？
   Hiro が言いました。
9. John の考えは創造的だが実用的ではないと、だれが Kaori に言いましたか？
   Hiro が言いました。

Step 5 ▸▸ 自分のことをスピーキング！

これからの質問は、自分自身についてのものです。自分のことにあてはめて、答えてください。

Application 1　　`file_115`

次の質問に答えてください。最初は必要最低限の情報（Yes. や No. など）を答えればOKですが、慣れてきたら、さらにひとこと付け加えてみましょう。うまく答えられなかった質問には、解答例（p.149）を参考にしながら、自分なりの答えを考えてみてください。

1. (　　　　　　　　　　　　　　　　)
2. (　　　　　　　　　　　　　　　　)
3. (　　　　　　　　　　　　　　　　)
4. (　　　　　　　　　　　　　　　　)
5. (　　　　　　　　　　　　　　　　)
6. (　　　　　　　　　　　　　　　　)
7. (　　　　　　　　　　　　　　　　)
8. (　　　　　　　　　　　　　　　　)

Application 2

次の例にしたがって、自分が目標としていることを言ってみてください。

（例）
Q: What's your goal for the next two weeks?
A: I hope I can finish this book.
Q: What's your goal for the next month?
A: I hope to improve my English.
Q: What's your goal for the next year?
A: I hope to travel in America.

◆自分の予定③

Q: What's your goal for the next two weeks?
A: I hope (　　　　　　　　　　　　　　　).
Q: What's your goal for the next month?
A: I hope (　　　　　　　　　　　　　　　).
Q: What's your goal for the next year?
A: I hope (　　　　　　　　　　　　　　　).

STEP 6 ▸▸ STEP 5 の解答例と解説

　複文は文が長くなるために、記憶に保持しておくのが大変です。聞いて答えるのが難しいこともあるでしょう。たとえば、Do you think...?なのか、Do you know...?なのかで、「意見」を問われているのか、「知っているか」を問われているのかが変わってきます。そこに注意をした上で、後半のふたつ目の文（従属節）を聞いて答えなければなりません。これはかなり自動的な聞き取り力が求められます。

【Application 1 の解答例】

1. Do you think that soccer is an interesting sport to watch?
   Yes, I do. I support Real Madrid.
   No, I don't. I prefer baseball.
2. Do you believe that global warming can be stopped?
   Yes, I do. We should all save energy.
   No I don't. I think it's too late.
3. Do you think you will live to be 100 years old?
   Yes, I do. I have a healthy lifestyle.
   No, I don't. I eat too much junk food.
4. Do you know when your father's birthday is?
   Yes, I do. It's July 27th.
   No, I don't. I've forgotten.
5. Do you know how old you were when you first walked?
   Yes, I do. I was one year old.
   No, I don't. I was too young to remember.
6. Do you tell your friends that you are studying English?
   Yes, I do. Sometimes we study together.
   No I don't. I'm embarrassed to tell them.
7. Do you think your dream will come true?
   Yes, of course! It will definitely come true.
   No, I'm not so sure.
8. Do you think this book is useful?
   Yes, it is. / It's OK. I'm learning a lot.
   No, it isn't. It's too boring.

【Application1 の訳】

1. あなたはサッカーが見ておもしろいスポーツだと思いますか？
   はい、そう思います。私はレアル・マドリードを応援しています。
   いいえ、そうは思いません。私は野球が好きです。
2. 地球温暖化を止められると信じていますか？
   はい、そう信じています。私たちは全員でエネルギーを節約するべきです。
   いいえ、そう信じてはいません。私は遅過ぎると思います。
3. あなたは100歳まで生きると思いますか？
   はい、そう思います。私は健康的なライフスタイルで過ごしています。
   いいえ、そう思いません。私はジャンクフードを食べすぎています。
4. あなたは父親の誕生日がいつか知っていますか？
   はい、知っています。7月27日です。
   いいえ、知りません。忘れてしまいました。
5. あなたが最初に歩いたときは何歳だったか知っていますか？
   はい、知っています。私は1歳でした。
   いいえ、知りません。私は幼すぎておぼえていません。
6. あなたは英語を勉強していることを友人たちに話していますか？
   はい、話しています。私たちはときどき一緒に勉強をします。
   いいえ、話していません。彼らに言うのは恥ずかしいです。
7. あなたは自分の夢が実現すると思いますか？
   はい、もちろんです！絶対に実現します。
   いいえ、ちょっと確信が持てません。
8. あなたはこの本が役に立つと思いますか？
   はい、役に立ちます。／いいと思います。私は多くのことを学んでいます。
   いいえ、役に立ちません。退屈すぎます。

第20章 仮主語

英語は、文の最初の方に長い表現がくるのを嫌う言語です。そのために、最初に仮主語の it を使って、あとからその it が指すものを示すという文型を使います。日本語にない構文なので処理が難しいですが、ここで慣れていきましょう。

STEP 1 ▶▶ コア・カンバセーションのリスニング

コア・カンバセーション 20

Normal file_116 / Slow file_117

サプライズ・パーティー

● 登場人物
Paul Anderson / Maria Nelson / Kaori Takahashi

● シーンの説明
Paul が誘ったレストランで、誕生日を迎えた Maria のサプライズ・パーティーが開かれた。Maria は感激のあまり、涙を流して喜ぶ。そして、Maria は、Paul と Kaori のふたりに嫉妬していたことを謝る。

コア・カンバセーションを聞いてください。また、次の表現が聞こえたら、□にチェックを入れましょう。

□ ...it's bad manners to cry on your birthday.
□ It's a big relief that you finally know the truth.
□ ...it was for the party that you guys were exchanging messages.

「仮主語」の役割は、まず、it で主語を立てて、その内容を to 不定詞か、that 節であとから説明するというものです。主語だけではなく、SVOC の文で「仮目的語」を使うこともあります。

・I found it difficult to swim with my clothes on.
（服を着たまま泳ぐのは難しいとわかった）

また、「仮主語」と似た形の構文に、「強調構文」というものがあります。「強調構文」は、強調したい内容を It is と that の間に持ってきます。だいたいにおいて、相手が間違った考えを持っているのを打ち消すのに使います。

・It was John that came to the party.（パーテイに着たのはジョンだ）

「（他の人ではなく）ジョンだ」ということを強調しています。

STEP 2 ▸▸ コア・カンバセーションの応答練習

　コア・カンバセーションを何度も聞いて、だいたい内容が理解できたら、次の各質問に答えてください。

Question 1　file_118

　音声を聞いて、次の1. 〜 3.の文の内容がコア・カンバセーションの内容にあっている場合にはTrue、間違っている場合にはFalseで答えてください（答えを口に出して言ってから、かっこに記入しましょう。以下も同様の手順で行ってください）。

　　1. (　　　　　　　)
　　2. (　　　　　　　)
　　3. (　　　　　　　)

Question 2　file_119

　音声を聞いて、Yes / No で質問に答えてください。Yesの場合はYes.だけでOKですが、No.の場合はできれば続けて正しい答えも言ってください。

　　4. (　　　　　　　　　　　)
　　5. (　　　　　　　　　　　)
　　6. (　　　　　　　　　　　)

Question 3　file_120

　STEP 1のコア・カンバセーションをもう一度聞きましょう。次に音声を聞いて、質問に答えてください。

　　7. (　　　　　　　　　　　)
　　8. (　　　　　　　　　　　)
　　9. (　　　　　　　　　　　)

STEP 1 のコア・カンバセーションのトランスクリプションです。語注も参考にしながら、内容を確認してください。（訳は *p.*180）

Paul: I'm sure you'll like this place. Let's go in.

Maria: Well...okay.

Everyone: Surprise! Happy birthday!

Maria: Oh, my gosh. Paul...how did you...

Paul: Happy 30th, Maria. Hey, it's bad manners to cry on your birthday.

Maria: Um...thank you, everybody. I'm really surprised

Kaori: Happy birthday, Maria.

Paul: Kaori helped me arrange everything. I told you those messages were about my computer, but—

Maria: So, it was for the party that you guys were exchanging messages! You guys...Oh, it's such a surprise to know that you were doing this for me. I was actually getting jealous about you two...I'm so sorry!

Kaori: Jealous? Oh, now I understand!

Paul: It's a big relief that you finally know the truth.

Maria: Really, it was so nice of you to do this for me.

Paul: No problem.

Kaori: Happy birthday Maria!

Everyone: Happy birthday Maria! Cheers, *kanpai*!

【語注】

gosh:（間投詞）驚いたことを表す。**Oh my gosh** という形で使うことが多いが、単独でも使う。**Oh my God** ともいえる。

it is nice of you to...:（感謝の気持ちを表して）〜してくれてありがとう
it is a relief to...: 〜してほっとする

STEP 4 ▸▸ STEP 2 の解答・解説

STEP 2で行った応答練習の解答と解説です。左ページにあるコア・カンバセーションのスクリプトとあわせて、解答の確認をしましょう。

It...thatやit...to +不定詞の構文を使った質問にはうまく答えられたでしょうか？この構文は日本語にはないので、慣れるまで少し大変かもしれません。聞いて理解するコツは、it was goodとまず、「何かがよかった」という情報を処理し、その情報をキープしておいて、何がよかったのか、次に出てくるものを予測することです。itの内容がthatやtoなどの後にすぐ出てきますから。日本語だと、「よかったんだよね、あの本読んだこと」みたいな感じです。

【応答練習の解答】

1. Paul said to Maria that it was bad manners to cry on her birthday.　True
2. Maria thought it was nice of them to hold a surprise party for her.　True
3. Kaori said that it was a big relief for Maria to finally know the truth.　False
4. Was it for the surprise party that Paul and Kaori were exchanging messages?
   Yes, it was.
5. Did John say that it was a nice surprise that they held the surprise party for Maria.
   No, Maria did.
6. Was it to ask about a computer problem that Paul was emailing Kaori?
   No, he was emailing her to arrange a surprise party for Maria.
7. Who said, "it's bad manners to cry on your birthday."?
   Paul did.
8. When Maria finally knew the truth, what did Maria say to Paul?
   Maria said, "It was so nice of you to do this for me."
9. How old is Maria?
   She's 30.

【応答練習の訳】

1. PaulはMariaに誕生日に泣いてしまうのは失礼だと言いました。　正
2. .Mariaは彼らが自分のためにサプライズパーティーを開いてくれて、うれしく思いました。正
3. Mariaがついに真実を知ってとても安心したとKaoriは言いました。　誤
4. PaulとKaoriがメールのやりとりをしていたのはサプライズパーティーのためでしたか？
   はい、そうです。
5. 彼らがMariaのためにサプライズパーティーを開いたのはうれしい驚きだったとJohnは言いましたか？
   いいえ、Mariaが言いました。
6. PaulがKaoriにメールしていたのはコンピュータの不具合についてたずねるためでしたか？
   いいえ、彼はMariaのサプライズパーティーを準備するために彼女にメールしていました。
7. 「誕生日に泣くなんてマナー違反だ」と言ったのはだれですか？
   Paulです。
8. Mariaはついに真実を知ったとき、Paulに何と言いましたか？
   Mariaは「私のためにこんなことをしてくれてどうもありがとう」と言いました。
9. Mariaは何歳ですか？
   彼女は30歳です。

STEP 5 ▸▸ 自分のことをスピーキング！

これからの質問は、自分自身についてのものです。自分のことにあてはめて、答えてください。

Application 1 　file_121

次の質問に答えてください。最初は必要最低限の情報（Yes. や No. など）を答えればOKですが、慣れてきたら、さらにひとこと付け加えてみましょう。うまく答えられなかった質問には、解答例（p.155）を参考にしながら、自分なりの答えを考えてみてください。

1. (   )
2. (   )
3. (   )
4. (   )
5. (   )
6. (   )
7. (   )
8. (   )

Application 2

次の例にしたがって、自分が楽しい、つまらない、などと思うことを言ってみましょう。

（例）
1) It's fun to talk with friends over coffee.
2) It's interesting to visit new places.
3) It's boring to work all day in my job.
4) It's exciting to meet new people.

◆楽しいこと / つまらないこと

1) It's fun to (   ).

2) It's interesting to (   ).

3) It's boring to (   ).

4) It's exciting to (   ).

STEP 6 ▸▸ STEP 5 の解答例と解説

　1.～3.および7.は、Is it...that...? / Is it...to...?の質問なので、Yes, it is. / No, it isn't.で答えれば大丈夫です。4.～6.それに8.はDo you...?の質問なので、Yes, I do. / No, I don't.と答えます。5.のDo you find it difficult to...というのは「仮主語」ではなく、「仮目的語」ですが、このfind it difficult to...(～するのが難しいと思う／わかる)というのはよく使われるので、イディオムとして覚えましょう。

【Application 1 の解答例】

1. Is it a good idea to stay up late to finish your work?
   Yes, it is. I can't sleep otherwise.
   No, it isn't. I can't work when I'm tired.
2. Is it fun to sing at a Karaoke box?
   Yes, it is. I love singing.
   No it isn't. I hate Karaoke. / I'm not good at singing.
3. Is it good for your heath to wake up early?
   Yes, it is.
   No, it isn't. It's important to get a lot of sleep.
4. Do you think it's important to study English every day?
   Yes, I do. I need to improve my TOEIC score.
   No, I don't.
5. Do you find it difficult to sing songs in English?
   Yes, I do. I can't pronounce the words.
   No, I don't. Singing is easier than speaking.
6. Do you think it's easy to write letters in English?
   Yes, I do. I can use a dictionary for difficult words.
   No, I don't.
7. Is it expensive to play golf in Japan?
   Yes, it is. It's much cheaper in Australia.
   No, it's not so bad.
8. Do you think it's fun to use this book to study English?
   Yes, it is. / It's OK. The lessons are interesting.
   No, it isn't. Studying is never fun.

【Application1 の訳】

1. 仕事を終えるために遅くまで起きているのはいい考えでしょうか？
   はい、そうです。そうしなければ私は眠れません。
   いいえ、そうではありません。私は疲れているときは働くことができません。
2. カラオケボックスで歌うのは楽しいですか？
   はい、楽しいです。私は歌うのが大好きです。
   いいえ、楽しくありません。私はカラオケが大嫌いです。／私は歌うのが苦手なんです。
3. 早起きはあなたの健康にいいですか？
   はい、いいです。
   いいえ、よくありません。睡眠時間をたくさんとることが大切です。
4. 毎日、英語を勉強することが大切だと思いますか？
   はい、そう思います。私はTOEICのスコアを上げる必要があります。
   いいえ、そうは思いません。
5. 英語で歌を歌うことは難しいと思いますか？
   はい、そう思います。私は単語の発音ができません。
   いいえ、そうは思いません。歌うことは話すことよりも簡単です。
6. 英語で手紙を書くのはやさしいと思いますか？
   はい、そう思います。難しい単語には辞書を使っています。
   いいえ、そうは思いません。
7. 日本でゴルフをするのはお金がかかりますか？
   はい、そうです。オーストラリアではもっとずっと安いです。
   いいえ、それほど悪くありません。
8. 英語を勉強するためにこの本を使うのは楽しいと思いますか？
   はい、そう思います。／いいと思います。レッスンがおもしろいです。
   いいえ、そうは思いません。勉強することは楽しいものではありません。

第21章 後置修飾

英語では、話題となる名詞を言った後で、その修飾語句を言うことがずいぶんあります。日本語ではほとんどそういうことはないので、なかなか自然に処理できるようになりません。この章で、この修飾方法に慣れていきましょう。

STEP 1 ▶▶ コア・カンバセーションのリスニング

コア・カンバセーション 21

Normal file_122 / Slow file_123

金華山島でデート

●登場人物
John Morita / Kaori Takahashi

●シーンの説明
ようやく関係を修復した John と Kaori は、デートで宮城県にある金華山島を訪れていた。John から来週のハワイへの旅行について尋ねられた Kaori は、初めて行くので不安になっていると伝える。

コア・カンバセーションを聞いてください。また、次の表現が聞こえたら、□にチェックを入れましょう。

- □ **...a monkey sitting in that tree**
- □ **The first time I came here...**
- □ **The Japan I used to dream about...**

名詞の後置修飾には、①前置詞、②分詞、③関係節の3つがよく使われますが、①も②も「関係詞 + be 動詞」が省略されたものと考えることができます。

① books [(which are) on the shelf]

② a monkey [(that is) sitting in that tree]

③ the man [(who was) killed in the war]

さて、関係代名詞・関係副詞（まとめて関係詞）は、日本語に訳すときに「ひっくり返して訳す」ものだと考えている人がいるかもしれませんが、これは関係詞の本質ではありません。まず話題となる名詞を言ってから、そのあとにその名詞に関する情報を「付け足す」のが関係詞の役目です。会話では、思いついた順に言葉に出していくので、当然このような順番になるのです。たとえば、Yesterday, I bought a book. といってから、どんな本か (which was very expensive) を付け足すのです。

STEP 2 ▸▸ コア・カンバセーションの応答練習

コア・カンバセーションを何度も聞いて、だいたい内容が理解できたら、次の各質問に答えてください。

Question 1 　file_124

音声を聞いて、次の1.～3.の文の内容がコア・カンバセーションの内容にあっている場合にはTrue、間違っている場合にはFalseで答えてください（答えを口に出して言ってから、かっこに記入しましょう。以下も同様の手順で行ってください）。

1. (　　　　　　　)
2. (　　　　　　　)
3. (　　　　　　　)

Question 2 　file_125

音声を聞いて、Yes / No で質問に答えてください。Yesの場合はYes.だけでOKですが、No.の場合はできれば続けて正しい答えも言ってください。

4. (　　　　　　　　　　　)
5. (　　　　　　　　　　　)
6. (　　　　　　　　　　　)

Question 3 　file_126

STEP 1のコア・カンバセーションをもう一度聞きましょう。次に音声を聞いて、質問に答えてください。

7. (　　　　　　　　　　　)
8. (　　　　　　　　　　　)
9. (　　　　　　　　　　　)

STEP 3 ▸▸ コア・カンバセーションの確認

STEP 1のコア・カンバセーションのトランスクリプションです。語注も参考にしながら、内容を確認してください。(訳は p.181)

John: Look, there's more deer—and there's a monkey sitting in that tree.

Kaori: Awwh, it's cute isn't it? The first time I came here was in the summer during my childhood, when I saw a similar view. It's also completely different in the winter.

John: The Japan I used to dream about was just like this. The snow and the pine trees...

Kaori: Next week I'll be seeing sand and palm trees.

John: Are you excited about your trip to Hawaii?

Kaori: I'm nervous. I've never been there, so—

John: What!? I thought...I mean, you know so much about it.

Kaori: But I don't know what it's really like. Tell me.

John: Well...Hawaii isn't just hula and palm trees. It's a modern, multicultural place. Remember, it's part of the U.S.A.

Kaori: Well, I know that. It became a state in 1959.

John: You're so smart. The project team will miss you.

Kaori: You'll be a great team leader while I'm away.

John: I hope so. Um...I'll miss you, too.

【語注】

deer: シカ
just like this　全くこのように
palm tree: ヤシの木

multicultural: 多文化の
miss: ～に会えなくてさびしく思う

STEP 4 ▸▸ STEP 2 の解答・解説

STEP 2 で行った応答練習の解答と解説です。左ページにあるコア・カンバセーションのスクリプトとあわせて、解答の確認をしましょう。

　名詞の後置修飾を使った質問にはうまく答えられましたか？　ここでは、2.〜3.や7.の関係節、5.と8.の前置詞句、1.や4.の現在分詞（-ing）を使った後置修飾を練習しました。解説にも書きましたが、日本語では名詞の修飾語はすべて名詞の前に置かれるので、後ろから修飾する英語表現は自動的に処理するのが難しいのです。何度も練習して、慣れていきましょう。

【応答練習の解答】

1. John saw a monkey sitting in the tree.　True
2. The first time Kaori came to this place was in the winter during her childhood.　False
3. The Japan John used to dream about was just like this place.　True
4. Did John see a cat dancing on the ground?
   No, he saw a monkey sitting in the tree.
5. Is Kaori excited about her trip to Shanghai?
   No, she is nervous about going to Hawaii.
6. Does John think Kaori is very smart?
   Yes, he does.
7. When was the first time Kaori came to this place?
   It was one summer during her childhood.
8. How does Kaori feel about her trip to Hawaii?
   She's nervous.
9. When did Hawaii become part of the U.S.A.?
   In 1959.

【応答練習の訳】

1. John は木に座っているサルを見ました。正
2. Kaori がこの場所に初めて来たのは子どものころの冬でした。　誤
3. John が夢に見ていた日本は、まさにこのような場所でした。　正
4. John は地面で踊っているネコを見ましたか？
   いいえ、彼は木に座っているサルを見ました。
5. Kaori は上海旅行のことで興奮していますか？
   いいえ、彼女はハワイに行くことに不安になっています。
6. John は Kaori がとても賢いと思っていますか？
   はい、彼は思っています。
7. Kaori がこの場所に初めて来たのはいつでしたか？
   彼女が子どものころの夏でした。
8. Kaori はハワイへの旅行についてどんな気分ですか？
   彼女は不安になっています。
9. ハワイはいつアメリカ合衆国の一部になりましたか？
   1959 年になりました。

STEP 5 ▸▸ 自分のことをスピーキング！

これからの質問は、自分自身についてのものです。自分のことにあてはめて、答えてください。

Application 1　`file_127`

次の質問に答えてください。最初は必要最低限の情報（Yes. や No. あるいは It was a toy. など）を答えればOKですが、慣れてきたら、さらにひとこと付け加えてみましょう。うまく答えられなかった質問には、解答例（p.161）を参考にしながら、自分なりの答えを考えてみてください。

1. (　　　　　　　　　　　　　　　　)
2. (　　　　　　　　　　　　　　　　)
3. (　　　　　　　　　　　　　　　　)
4. (　　　　　　　　　　　　　　　　)
5. (　　　　　　　　　　　　　　　　)
6. (　　　　　　　　　　　　　　　　)
7. (　　　　　　　　　　　　　　　　)
8. (　　　　　　　　　　　　　　　　)

....

Application 2

次の例にしたがって、自分好きな人、嫌いな人のタイプを言ってみましょう。

（例）

1) I like girls who have black hair.

2) I don't like people who talk too much.

3) I like girls who are intelligent.

◆自分の好きな人 / 嫌いな人①

1) I like (　　　　　　　　　　　　　　　　　　　　).

2) I don't like (　　　　　　　　　　　　　　　　　　　).

3) I like (　　　　　　　　　　　　　　　　　　　　).

STEP 6 ▶▶ STEP 5 の解答例と解説

すでに解説したように、後ろから名詞を修飾するという語順は日本語にないので、さっと理解するのが難しいです。まずは、質問の意味を聞き取って、Yes. / No.で答えてみましょう。聞き取るときのポイントは、Is there a man...?やDo you know a friend...?など、名詞が出てきたときに「あ、次にどんな人／物かという情報がくるだろうか」と予測することです。

【Application 1 の解答例】

1. Is there a cat sitting on the floor in your room right now?
   Yes, there is. It's next to my chair.
   No, there isn't. I don't have a cat.
2. Is there a baby crying in your room right now?
   Yes, there is. I think he's hungry.
   No, there isn't. There's no baby in this room.
3. Is there a man dancing happily in your room right now?
   Yes, there is. My brother has drunk too much!
   No, there isn't.
4. Do you know a friend who wants to quit smoking but cannot?
   Yes, I do. My friend Tom is trying to quit.
   No, I don't.
5. Are the books on your shelf useful?
   Yes, they are. They help me with my studies.
   No, they are useless. They're all comic books.
6. Do you still have the first book that you ever read?
   Yes, I do. I keep it as a memory of my childhood.
   No, I don't.
7. What is the first present that someone gave you?
   It was a toy. / It was a doll.
   I don't remember.
8. Did you recently receive an email that made you angry?
   Yes, I did. It was spam mail.
   No, I didn't.

【Application1 の訳】

1. 今、あなたの部屋には、床に座っているネコがいますか？
   はい、います。私のいすの横にいます。
   いいえ、いません。私はネコを飼っていません。
2. 今、あなたの部屋には、泣いている赤ちゃんがいますか？
   はい、います。彼はおなかがすいているんだと思います。
   いいえ、いません。この部屋に赤ちゃんはいません。
3. 今、あなたの部屋には、楽しそうに踊っている男性がいますか？
   はい、います。私の兄（弟）は飲みすぎてしまいました！
   いいえ、いません。
4. 禁煙したいけれどやめられない友だちを知っていますか？
   はい、知っています。私の友だちの Tom がやめようとしています。
   いいえ、知りません。
5. あなたの棚にある本は役に立ちますか？
   はい、役に立ちます。私の勉強に役立ちます。
   いいえ、役に立ちません。それらは全部漫画本です。
6. 生まれて初めて読んだ本をまだ持っていますか？
   はい、持っています。私は子どものころの記念としてそれを保管しています。
   いいえ、持っていません。
7. あなたがもらった最初のプレゼントは何ですか？
   おもちゃでした。／人形でした。
   おぼえていません。
8. 最近、頭にくるようなメールをもらいましたか？
   はい、もらいました。スパムメールでした。
   いいえ、もらいませんでした。

第22章 接続詞

第19章では、名詞節を使った複文を扱いましたが、ここでは、理由、条件、時を表す接続詞を扱います。これらは、文法的には副詞節として、主節にいろいろな情報を加えることができます。練習していきましょう。

STEP 1 ▸▸ コア・カンバセーションのリスニング

> **コア・カンバセーション 22**
>
> **Normal file_128 / Slow file_129**
>
> ### 「エコ・ソフト」のミーティング
> ●登場人物
> Yumi Watanabe / Akio Shinkawa /
> John Morita / Hiro Yamaguchi
>
> ●シーンの説明
> 「エコ・ソフト」プロジェクトチームのメンバーたちが、プログラムの設定について話し合っていた。Kaori がハワイから戻ってきてから、さらに話し合ったほうがいいという結論になった。

コア・カンバセーションを聞いてください。また、次の表現が聞こえたら、□にチェックを入れましょう。

□ If there were a few more settings...
□ ...because she's the technical expert.
□ ...when Kaori comes back...

上記の3つの表現は聞き取れましたか？ If（〜たら）、when（〜とき）、because（〜なので）は、非常によく使う接続詞なので自動的に使えるように慣れていきましょう。なお、最初の文のIf there were...は仮定法過去で、第24章（p.174）で扱います。

英語では、基本的に未来のことは助動詞willなどを使って表すのが原則です（例：It will rain tomorrow.）。「時や条件を表わす副詞節」の中に入ると、If it rains tomorrow, I will stay home. のように未来のことでも、will rainを使わなくなります。when Kaori comes back...という副詞節がコア・カンバセーションで出てきますが、これもwhen Kaori will come back...としたら、誤りです。もちろん、willを入れても話は通じますが、時間的余裕があれば正しい形を使うように心がけましょう。

STEP 2 ▸▸ コア・カンバセーションの応答練習

　コア・カンバセーションを何度も聞いて、だいたい内容が理解できたら、次の各質問に答えてください。

Question 1　file_130

　音声を聞いて、次の 1. ～ 3. の文の内容がコア・カンバセーションの内容にあっている場合には True、間違っている場合には False で答えてください（答えを口に出して言ってから、かっこに記入しましょう。以下も同様の手順で行ってください）。

1. (　　　　　　　)
2. (　　　　　　　)
3. (　　　　　　　)

Question 2　file_131

　音声を聞いて、Yes / No で質問に答えてください。Yes の場合は Yes. だけで OK ですが、No. の場合はできれば続けて正しい答えも言ってください。

4. (　　　　　　　　　　　　　)
5. (　　　　　　　　　　　　　)
6. (　　　　　　　　　　　　　)

Question 3　file_132

　STEP 1 のコア・カンバセーションをもう一度聞きましょう。次に音声を聞いて、質問に答えてください。

7. (　　　　　　　　　　　　　)
8. (　　　　　　　　　　　　　)
9. (　　　　　　　　　　　　　)

STEP 1のコア・カンバセーションのトランスクリプションです。語注も参考にしながら、内容を確認してください。（訳は p.181）

Yumi: If there were a few more settings in the program, it would be more flexible.

Akio: That's true, Yumi, but people won't buy the software unless it's easy to use.

John: So it's okay to add more settings, as long as we make them user-friendly. But how?

Akio: Hey, I'm a PR guy. I write about software, but I don't know how to make it.

Yumi: Maybe we should discuss it when Kaori is back because she's the technical expert.

Hiro: Hello, everyone! How's the meeting going, John?

John: We're doing all right, but we'll be glad when Kaori comes back from Hawaii.

Hiro: You'll be especially glad, won't you, John?

John: Uh...well, I...

Hiro: When there's a romance at SenSoft, I always catch on. Well...bye!

Yumi: So, John, when's the wedding?

John: Uh...hey, it's time to wrap up the meeting.

Akio: Whatever you say, Romeo.

John: Give me a break.

【語注】

flexible: フレキシブルな、柔軟な
unless: 〜でない限り
as long as: 〜でさえあれば
user-friendly: 使いやすい
catch on: 気付く

wrap up: まとめる、終わりにする
Romeo: 色男（恋愛中の男性をからかうときに使う。loverboy も同様）
give me a break:（直訳すると「休みをくれ」）冗談もやすみやすみいってくれ

STEP 4 ▸▸ STEP 2 の解答・解説

STEP 2 で行った応答練習の解答と解説です。左ページにあるコア・カンバセーションのスクリプトとあわせて、解答の確認をしましょう。

　時、条件、理由などを表す接続詞を使った質問にはうまく答えられましたか? 2. ～ 3. や 5. ～ 6. または 8. で使われている when...（～の時）、1. と 4. に出てくる if...（～たら）、7. の because...（～だから）などは、日本語では主文の前にきますが、英語では前にきたり、後ろにきたりします。名詞の後置修飾と同様に、後ろに置かれる従属節は、最初は難しいと思われますが、慣れれば特に難しいことはありません。ここでの練習では 2. だけが前なので、後ろからの修飾に慣れていきましょう。

【応答練習の解答】

1. People won't buy the software if it's not easy to use.　True
2. When there's a romance in his company, the president will always catch on.　True
3. They should discuss technical matters when Kaori comes back because she is the expert. True
4. Does John believe it's OK to have more settings if they make them user-friendly?
Yes, he does.
5. Will everyone be glad when Kaori comes back from Hawaii?
Yes, they will.
6. Do they believe that they should discuss the details of the software when the expert is away?
No they don't. They are going to wait for Kaori.
7. Why doesn't Akio know how to make software?
Because he is a PR guy. He writes about software, but doesn't know how to make it.
8. Who always catches on when a romance appears at Sensoft?
It's Hiro. / Hiro does.
9. Does Yumi think that John and Kaori will get married?
Yes, she does.

【応答練習の訳】

1. 使いやすくなかったなら、ソフトウェアを買う人はいません。　正
2. 恋愛関係が社内にあると、社長はいつも気がつきます。　正
3. Kaori が専門家なので彼女が戻ったら、彼らは技術的な問題について話し合うべきです。正
4. John はもっと多くの設定をつけても、使いやすくしておけば大丈夫だと思っていますか?
はい、彼は思っています。
5. Kaori がハワイから戻ってきたら、みんなは喜びますか?
はい、喜びます。
6. 彼らは専門家の不在時にソフトウェアの詳細について話し合うべきだと思っていますか?
いいえ、思っていません。彼らは Kaori を待つつもりです。
7. Akio はどうしてソフトウェアの作り方を知らないのですか?
彼は広報部員だからです。彼はソフトウェアの紹介記事は書きますが、作り方は知りません。
8. Sensoft に恋愛関係があるときには、だれがいつも気づきますか?
それは Hiro です。Hiro が気づきます。
9. Yumi は John と Kaori が結婚すると思っていますか?
はい、思っています。

Step 5 ▸▸ 自分のことをスピーキング！

これからの質問は、自分自身についてのものです。自分のことにあてはめて、答えてください。

Application 1 ▮ file_133

次の質問に答えてください。最初は必要最低限の情報（Yes.やNo.あるいはI listen to music.など）を答えればOKですが、慣れてきたら、さらにひとこと付け加えてみましょう。うまく答えられなかった質問には、解答例（p.167）を参考にしながら、自分なりの答えを考えてみてください。

1. (   )
2. (   )
3. (   )
4. (   )
5. (   )
6. (   )
7. (   )
8. (   )

Application 2

次の例にしたがって、前の章で言った自分好きな人、嫌いな人のタイプと、その理由を言ってみましょう。

（例）

1) I like girls who have black hair because I think it's cute.

2) I don't like people who talk too much because it's annoying.

3) I like girls who are intelligent because they are fun to talk to.

◆自分の好きな人 / 嫌いな人②

1) I like (   ).

2) I don't like (   ).

3) I like (   ).

STEP 6 ▸▸ STEP 5 の解答例と解説

　STEP 4 のところで解説したように、①条件（〜たら）、②時（〜のとき）、③理由（〜なので）など、副詞節は日本語とは違って、主文の後ろにくることもありますが、実際の頻度では前にくることの方が多いです。質問自体は主文のところ、すなわち1.なら Were you interested in English の部分、3.なら will you go out の部分にあるので、それに対して答える必要があります。

【Application 1 の解答例】

1. Were you interested in English when you were a child?
   Yes, I was. I used to read English books.
   No, I wasn't. I preferred science.
2. Were you a good student when you were 10 years old?
   Yes, I was. I was never late for class.
   No, I wasn't. I was lazy.
3. If it rains this Sunday, will you go out?
   Yes, I will. I'll go to an indoor shopping mall.
   No, I won't. / I don't know yet.
4. If your friend calls you after midnight, will you answer the phone?
   Yes, I will. I always stay up late.
   No, I won't. I usually go to bed early. / I don't know. It depends on who.
5. If you can take five days off, what will you do?
   I will sleep late every day and relax. / I will travel to Guam.
6. When you are feeling down, what do you do to cheer yourself up?
   I listen to my favorite music.
7. When you first went abroad, did you get nervous?
   Yes, I did. I was worried no one would understand my English.
   No, I didn't. I was really excited. / I've never been abroad.
8. Did you buy this book because it was cheap?
   Yes, I did. It was only 1,800 yen.
   No, I didn't. It looked useful. / No, I didn't buy it. I'm borrowing it.

【Application1 の訳】

1. 子どものときに英語に興味がありましたか？
   はい、ありました。英語の本をよく読んだものです。
   いいえ、ありませんでした。私は科学のほうが好きでした。
2. あなたは 10 歳のころ、いい生徒でしたか？
   はい、いい生徒でした。私は授業に決して遅刻しませんでした。
   いいえ、いい生徒ではありませんでした。私はなまけものでした。
3. 今度の日曜日が雨なら、あなたは出かけますか？
   はい出かけます。私は屋内のショッピングモールに行きます。
   いいえ、出かけません。／まだわかりません。
4. あなたの友だちが夜の 12 時過ぎに電話をかけてきたら、あなたは電話に出ますか？
   はい、出ます。私はいつも遅くまで起きています。
   いいえ、出ません。私は普段、早めに寝ます。／わかりません。かけてくる人によります。
5. 5 日間の休みが取れたらあなたは何をしますか？
   毎日遅くまで寝てゆっくりします。／私はグアムに旅行します。
6. 落ち込んでいるときに、あなたは自分の気持ちを引き立てるために何をしますか？
   お気に入りの音楽を聞きます。
7. 初めて海外に行ったとき、緊張しましたか？
   はい、しました。だれも私の英語を理解できないんじゃないかと心配でした。
   いいえ、しませんでした。私は非常に興奮していました。／私は一度も 外国へ行ったことがありません。
8. あなたは安いからこの本を買ったのですか？
   はい、そうです。たった 1,800 円でした。
   いいえ、そうではありませんでした。役に立ちそうに見えました。／いいえ、私は買いませんでした。借りています。

第23章 比較

比較は、ふたつ以上の事柄を比べることになるため、やや高度な処理が求められます。自在に使いこなすのは難しいかもしれませんが、何度も繰り返し練習して慣れていきましょう。

STEP 1 ▸▸ コア・カンバセーションのリスニング

コア・カンバセーション 23

Normal file_134 / Slow file_135

ハワイのビデオ鑑賞

●登場人物
Kaori Takahashi / Maria Nelson / John Morita / Paul Anderson

●シーンの説明
Kaori は、自宅にみんなを招いて、ハワイで撮影されたビデオを上映していた。John によると、Kaori たちは 2 週間後に東京のフェスティバルで踊ることになっているという。

コア・カンバセーションを聞いてください。また、次の表現が聞こえたら、□にチェックを入れましょう。

☐ the prettiest water...
☐ more interested in...
☐ the more..., the better.

　比較表現にはふたつのパターンがあり、「……よりも〜だ」という意味は、英語では「比較級（-er / more）＋ than...」という形で表し、「一番〜だ」という意味は、「最上級（-est / most）」で表します。 最上級の the は付けなくてもいい場合もありますが、その場合でもほとんどつけてもかまわないので、話すときは常につけておいて問題はないでしょう。また、比較級には than...（〜よりも）、最上級には of... / in...（... のなかで）を付けると習ったかたもいるかもしれませんが、これらはかならずしも必要ではありません。たとえば、A: Wow, John is tall. B: Yeah, but Paul is taller.という会話では、Paul is taller than John.と繰り返すと、かえって不自然になります。コア・カンバセーションの、It made me even more interested in Japan.も同じで、比較の対象 than before は言わなくてもわかります。

STEP 2 ▸▸ コア・カンバセーションの応答練習

コア・カンバセーションを何度も聞いて、だいたい内容が理解できたら、次の各質問に答えてください。

Question 1 　file_136

音声を聞いて、次の1.～3.の文の内容がコア・カンバセーションの内容にあっている場合にはTrue、間違っている場合にはFalseで答えてください（答えを口に出して言ってから、かっこに記入しましょう。以下も同様の手順で行ってください）。

1. (　　　　　　　　)
2. (　　　　　　　　)
3. (　　　　　　　　)

Question 2 　file_137

音声を聞いて、Yes / No で質問に答えてください。Yesの場合はYes.だけでOKですが、No.の場合はできれば続けて正しい答えも言ってください。

4. (　　　　　　　　　　　　　)
5. (　　　　　　　　　　　　　)
6. (　　　　　　　　　　　　　)

Question 3 　file_138

STEP 1のコア・カンバセーションをもう一度聞きましょう。次に音声を聞いて、質問に答えてください。

7. (　　　　　　　　　　　　　)
8. (　　　　　　　　　　　　　)
9. (　　　　　　　　　　　　　)

STEP 3 ▸▸ コア・カンバセーションの確認

STEP 1のコア・カンバセーションのトランスクリプションです。語注も参考にしながら、内容を確認してください。（訳は *p.*182）

Kaori: This is a beautiful beach on the east shore. It's less crowded than Waikiki.

Maria: That's the prettiest water I've ever seen. Oh, where's this?

Kaori: Byodo-in Temple. It's just like the one near Kyoto. Have you been there, John?

John: Yes, we went there when I was a kid. It made me even more interested in Japan.

Kaori: Oh, this is the hula festival. The place was beautiful.

Paul: Not as beautiful as the dancers—uh, who are less beautiful than Maria, of course.

Maria: Nice try. What about your performance, Kaori?

Kaori: Well, someone else filmed it, so...

Paul: That's a good excuse.

John: Actually, Kaori's group is performing at a festival in Tokyo. In a couple weeks.

Kaori: John...I'll be really nervous.

Paul: In that case, the more supporters you have, the better.

Maria: That's right. We can tell Akio and Yumi and Nobu and Hiro and—

Kaori: The president? No way!

【語注】

a couple (of) weeks: 2,3 週間　　　　　　　　excuse: 言い訳

STEP 4 ▸▸ STEP 2 の解答・解説

　STEP 2 で行った応答練習の解答と解説です。左ページにあるコア・カンバセーションのスクリプトとあわせて、解答の確認をしましょう。

　比較表現を使った質問にはうまく答えられましたか？　1. で使われている最上級（最も〜）や、2. や 5. や 7. 〜 8. の比較級（…より〜）などが基本的な比較表現です。3. と 4. の「the 比較級 ..., the 比較級 ...」（〜ほど、〜）は、イディオムとして覚えてしまいましょう。なお、8. は "Who is more beautiful than dancers?" という疑問文に、Paul がどう思っているか（does Paul think）を挿入した疑問文と考えてください。

【応答練習の解答】

1. Waikiki has the prettiest water that Maria has ever seen. True
2. Visiting Byodo-in Temple made John more interested in Japan. True
3. The more supporters Kaori has for her hula performance, the better. True
4. Does John think the more supporters Kaori has, the better?
   No, it's Paul. / No, Paul does.
5. Are the hula dancers more beautiful than Maria, according to Paul?
   No, they aren't.
6. Does Kaori want Hiro to be at her hula performance?
   No, she doesn't.
7. What made John more interested in Japan?
   Byodo-in Temple.
8. Who does Paul think is more beautiful than the dancers?
   It's Maria.
9. When did John go to Byodo-in Temple?
   He went there when he was a child.

【応答練習の訳】

1. ワイキキには、Maria がこれまでに見た中で最もきれいな水があります。　正
2. （ハワイの）平等院を訪れたことで John は日本にもっと興味を持ちました。　正
3. Kaori のフラダンスの公演の応援する人が多ければ多いほどいいです。正
4. John は Kaori を応援する人が多ければ多いほどいいと思っていますか？
   いいえ、それは Paul です。／いいえ、Paul がそう思っています。
5. Paul に言わせると、フラダンスのダンサーたちは Maria よりもっと美しいですか？
   いいえ、そうではありません。
6. Kaori はフラダンスの公演のときに Hiro にいてほしいと思っていますか？
   いいえ、思っていません。
7. 何が John の日本への興味をさらにかきたてましたか？
   （ハワイの）平等院。
8. Paul はだれがダンサーよりも美しいと思っているんですか？
   それは Maria です。
9. John はいつ（ハワイの）平等院に行きましたか？
   子どものころにそこへ行きました。

STEP 5 ▸▸ 自分のことをスピーキング！

これからの質問は、自分自身についてのものです。自分のことにあてはめて、答えてください。

Application 1 　file_139

次の質問に答えてください。最初は必要最低限の情報（Yes.やNo.あるいはMy mother.など）を答えればOKですが、慣れてきたら、さらにひとこと付け加えてみましょう。うまく答えられなかった質問には、解答例（p.173）を参考にしながら、自分なりの答えを考えてみてください。

1. (　　　　　　　　　　　　　　　　)
2. (　　　　　　　　　　　　　　　　)
3. (　　　　　　　　　　　　　　　　)
4. (　　　　　　　　　　　　　　　　)
5. (　　　　　　　　　　　　　　　　)
6. (　　　　　　　　　　　　　　　　)
7. (　　　　　　　　　　　　　　　　)
8. (　　　　　　　　　　　　　　　　)

Application 2

次の例にしたがって、それぞれのカテゴリーで自分の一番好きな人、ものを言ってみましょう。

（例）
1) Which sport do you like best?
   I like tennis best.
2) Who is the singer you like best?
   I like David Bowie best.
3) What day of the week do you like best?
   I like Friday best.

---

1) Which sport do you like best?
   I like (　　　　　　　　　　　　　　　　).
2) Who is the singer you like best?
   I like (　　　　　　　　　　　　　　　　).
3) What day of the week do you like best?
   I like (　　　　　　　　　　　　　　　　).

STEP 6 ▸▸ STEP 5 の解答例と解説

　比較の質問に答えるカギは、何と何が比較されているかを見極めることです。比較級ならmath と social science、fatherと motherなど。最上級なら、どういう範囲内で比較が行われているかをきちんと聞き取ることが大事です。その範囲はwhich subjectや when you were a child、あるいはbest basketball player on the planetなど、何らかの形で示されます。そのあたりに注意して答えてみてください。

【Application 1 の解答例】

1. When you were a child, did you like math better than social studies?
   Yes, I did. Math is a much easier subject.
   No, I didn't. Math is boring for me.
2. Which subject did you like best when you were an elementary school student?
   I liked math best.
3. Is your father older than your mother?
   Yes, he is. He's five years older.
   No, he isn't. My mother is older. / They are the same age.
4. Do you like cats better than dogs?
   Yes, I do. They match my personality.
   No, I don't. I like dogs better than cats. / Dogs are more friendly.
5. Who is the best basketball player on the planet?
   Kobe Bryant. / LeBron James.
   I don't know any basketball players.
6. Who is the smartest person in the world?
   Barack Obama. / My mother.
7. Do you think the more you listen to English, the better your English will be?
   Yes, I do. Listening is the most important in language learning.
   No, I don't. I think you also need to practice speaking.
8. Which do you like better, British English or American English?
   I like British English better. It's easier to understand.
   I like American English better. I hear it more often.
   I don't like either. They're both too difficult.

【Application1 の訳】

1. 子どものころ、社会科より数学が好きでしたか？
   はい、好きでした。数学のほうがはるかに簡単な教科です。
   いいえ、好きではありませんでした。数学は私には退屈です。
2. 小学校のころ、どの教科が一番好きでしたか？
   私は数学が一番好きでした。
3. あなたのお父さんはお母さんよりも年上ですか？
   はい、そうです。彼は5歳年上です。
   いいえ、そうではありません。私の母のほうが年上です。／彼らは同じ年齢です。
4. 犬より猫が好きですか？
   はい、好きです。私の性格に合っています。
   いいえ、好きではありません。私は猫より犬が好きです。／犬のほうがもっと付き合いやすいです。
5. 地球上でもっとも優秀なバスケットボール選手はだれですか？
   Kobe Bryant です。／LeBron James です。
   私はバスケットボール選手をまったく知りません。
6 世界で一番賢い人はだれですか？
   Barack Obama です。／私の母です。
7. 英語を聞けば聞くほど、あなたの英語は上達すると思いますか？
   はい、そう思います。聞くことが語学学習でもっとも重要です。
   いいえ、そうは思いません。私は話す練習も必要だと思います。
8. イギリス英語とアメリカ英語と、どちらのほうが好きですか？
   私はイギリス英語のほうが好きです。イギリス英語のほうがわかりやすいです。
   私はアメリカ英語のほうが好きです。アメリカ英語のほうがよく耳にするからです。
   私はどちらも好きではありません。両方とも難しすぎます。

第24章 仮定法

仮定法というのは、「可能性がない、もしくは低い」ということを表すために使われる、特殊な動詞の形のことです。会話でも大活躍する表現ですので、この章で慣れておきましょう。

STEP 1 ▸▸ コア・カンバセーションのリスニング

コア・カンバセーション 24	Normal file_140 / Slow file_141

John のプロポーズ

●登場人物
John Morita / Kaori Takahashi / Hiro Yamaguchi / Akio Shinkawa / Tomoe Kawabata / Paul Anderson / Maria Nelson / Yumi Watanabe

●シーンの説明
東京の花見フェスティバルで、Paul と Maria が 10 月にハワイで結婚式を挙げることを伝えると、続けて John が Kaori にプロポーズする。

コア・カンバセーションを聞いてください。また、次の表現が聞こえたら、□にチェックを入れましょう。

□ If I'd known you were so talented, I would have asked you...
□ If I were you, I'd have the wedding...
□ I wish I could say yes.

仮定法は形が複雑なので、次のように整理して覚えてください。

仮定法過去: 現在の事実とは反対、もしくはありそうもないことを言うときに使います。形は「If +主語+過去形〜、主語+ would / couldなど助動詞の過去形+動詞原形...」となります（例：If I were you, I would try.）。過去形を使って現在のことを言うので、仮定法「過去」とよびます。

仮定法過去完了: 過去の事実とは反対のことを言うときに使います。形は、「If +主語+ had +過去分詞〜、主語+ would / couldなど助動詞の過去形+ have +過去分詞...」（例：If I had studied harder, I would have passed the exam.）。過去完了形（had +過去分詞）を使って過去のことを言うので、仮定法「過去完了」とよびます。

174

STEP 2 ▶▶ コア・カンバセーションの応答練習

コア・カンバセーションを何度も聞いて、だいたい内容が理解できたら、次の各質問に答えてください。

Question 1　file_142

音声を聞いて、次の1.〜3.の文の内容がコア・カンバセーションの内容にあっている場合にはTrue、間違っている場合にはFalseで答えてください（答えを口に出して言ってから、かっこに記入しましょう。以下も同様の手順で行ってください）。

1. (　　　　　　　　)
2. (　　　　　　　　)
3. (　　　　　　　　)

Question 2　file_143

音声を聞いて、Yes / No で質問に答えてください。Yesの場合はYes.だけでOKですが、No.の場合はできれば続けて正しい答えも言ってください。

4. (　　　　　　　　　　　　　)
5. (　　　　　　　　　　　　　)
6. (　　　　　　　　　　　　　)

Question 3　file_144

STEP 1のコア・カンバセーションをもう一度聞きましょう。次に音声を聞いて、質問に答えてください。

7. (　　　　　　　　　　　　　)
8. (　　　　　　　　　　　　　)
9. (　　　　　　　　　　　　　)

STEP 3 ▸▸ コア・カンバセーションの確認

STEP 1のコア・カンバセーションのトランスクリプションです。語注も参考にしながら、内容を確認してください。(訳は *p.*182)

Maria: Congratulations! You were great, Kaori!

John: Kaori, your dancing was amazing!

Kaori: John, not in front of... *Shacho*! How did you know about...

Hiro: I have my spies. If I'd known you were so talented, I would have asked you to dance at the company New Year's party.

Akio: Um, everyone, this is Tomoe, my girlfriend.

Tomoe: Nice to meet you.

Paul: If you hadn't joined an online dating site...

Akio: Actually, I didn't. We met at the DVD rental store. In the monster movie section.

Maria: By the way...Paul and I are going to Hawaii in October.

Paul: We're getting married there.

Everyone: That's great! Congratulations!

John: If I were you, I'd have the wedding in Kauai. That's where Kaori and I will be.

Paul: You mean, you two are getting married?

John: I wish I could say yes. But unfortunately, it's just a trip!

Maria: John, is that a proposal?

John: Well, I should do this more formally. Kaori, will you marry me?

Kaori: Yes!

Everyone: Congratulations!

【語注】

talented: 才能のある   unfortunately: 残念ながら

STEP 4 ▶▶ STEP 2 の解答・解説

STEP 2 で行った応答練習の解答と解説です。左ページにあるコア・カンバセーションのスクリプトとあわせて、解答の確認をしましょう。

さて、これが最後の章ですが、仮定法を使った質問にはうまく答えられましたか？　解説にもあるように、5.と8.に出てくる仮定法過去は「（今）～だったとしたら」という意味、1.と4.と7.の仮定法過去完了は「（過去に）～だったとしたら」という意味をif節などを使って表します。3.は「Wish ＋仮定法」（～だったらいいのにと思う）です。なお、2.は仮定法ではなく、saidが主文の動詞で過去なので、時制の一致でthat節内のwillが過去形のwouldになっているものです。

【応答練習の解答】

1. If Hiro had known Kaori was so talented, he would have asked her to dance at the company New Year's party.　True
2. Hiro said he would have a wedding in Kauai.　False
3. John wishes he could say he and Kaori are getting married.　True
4. Did Paul say if he had known Kaori's talent, he would have asked her to perform at the party?
No, it's Hiro who said that.
5. Would John choose Kauai for his wedding if he had a choice?
Yes he would.
6. Did Kaori's hula dancing performance go well?
Yes it did.
7. If Hiro had known Kaori was so talented, what would he have asked her?
He would have asked her to dance at the company New Year's party.
8. If John were Paul, where would he have the wedding?
In Kauai.
9. Did Kaori accept John's proposal?
Yes, she did!

【応答練習の訳】

1. もし Hiro が Kaori にとても才能があることを知っていたら、彼は会社の新年会で彼女に踊るように頼んでいたでしょう。　正
2. Hiro はカウアイ島で結婚式をすると言いました。　誤
3. John は Kaori と結婚すると言えたらいいのになあと思っています。　正
4. Paul は Kaori に才能があることを知っていたら、パーティーで踊るように彼女に頼んでいただろうと言いましたか？
いいえ、それを言ったのは Hiro です。
5. もし John が選べるなら、結婚式をするのにカウアイ島を選ぶでしょうか？
はい、選ぶでしょう。
6. Kaori のフラダンスの公演はうまくいきましたか？
はい、うまくいきました。
7. もし Hiro が Kaori にとても才能があることを知っていたら、彼は彼女に何を頼んでいたでしょうか？
彼は会社の新年会で彼女に踊るように頼んでいたでしょう。
8. もし John が Paul だったら、どこで結婚式をしますか？
カウアイ島で。
9. Kaori は John のプロポーズを受け入れましたか？
はい、受け入れました！

STEP 5 ▸▸ 自分のことをスピーキング！

これからの質問は、自分自身についてのものです。自分のことにあてはめて、答えてください。

Application 1 　`file_145`

次の質問に答えてください。最初は必要最低限の情報（Yes.やNo.あるいはI would fly to Hokkaido.など）を答えればOKですが、慣れてきたら、さらにひとこと付け加えてみましょう。うまく答えられなかった質問には、解答例（p.179）を参考にしながら、自分なりの答えを考えてみてください。

1. (　　　　　　　　　　　　　　　　　　　　)
2. (　　　　　　　　　　　　　　　　　　　　)
3. (　　　　　　　　　　　　　　　　　　　　)
4. (　　　　　　　　　　　　　　　　　　　　)
5. (　　　　　　　　　　　　　　　　　　　　)
6. (　　　　　　　　　　　　　　　　　　　　)
7. (　　　　　　　　　　　　　　　　　　　　)
8. (　　　　　　　　　　　　　　　　　　　　)

Application 2

次の例にしたがって、困っている友人にアドバイスしてみましょう。

（例）
1) Friend: I don't know what to do with my new job. I hate it.
   You: If I were you, I'd quit and find a new one.
2) Friend: I have been asked to go to a movie by a very nice guy, but I have a boyfriend.
   If I were you, I'd go to the movie and just not tell my boyfriend .

---

1) Friend: I don't know what to do with my new job. I hate it.
   You: If I were you, (　　　　　　　　　　　　　　　　　).
2) Friend: I have been asked to go to a movie by a very nice guy, but I have a boyfriend.
   If I were you, (　　　　　　　　　　　　　　　　　).

STEP 6 ▸▸ STEP 5 の解答例と解説

　仮定の質問に答えるというのも、未来の話と同様、その場でいろいろ考える必要が出てきますので、認知的に複雑で、答えに時間がかかります。言葉につまったら、音声をポーズにして、Well...やLet's see...などと言って時間稼ぎをするとよいでしょう。実際はその方が自然です。native speakerだって、こんな質問をされたら、すぐには答えられません。おそらく考えてから答えるのが一般的でしょう。

【Application 1 の解答例】

1. If you were getting married, would you have a wedding in Hawaii?
   Yes, I would love to. / Maybe. Hawaii is very romantic.
   No, probably not. It's too far to travel.
2. If someone gave you a million dollars, what would you buy?
   I would buy a nice house.
3. If you had a time machine, what would you do?
   I would go back to the past and see what I was like when I was a baby.
4. If you were a bird, where would you fly?
   I would fly to Hokkaido.
5. Who would you like to meet, if you could meet anyone you like?
   Usain Bolt. / Ichiro Suzuki. / Aristotle. / My late grandfather.
6. Would you fly to the moon if you could?
   Yes, I would. That would be really exciting.
   No, I wouldn't. That would be scary.
7. If you had a choice, would you study abroad in the US or in the UK?
   I would study in the US. It's more exciting.
   I would study in UK. It has more interesting history.
   I would choose neither. I would go to Australia.
8. If you were asked to recommend this book, what would you say?
   I would recommend it. The plot is really exciting.
   I wouldn't recommend it. I found it boring.

【Application1 の訳】

1. 結婚するなら、ハワイで挙式したいですか？
   はい、ぜひそうしたいです。／たぶん。ハワイはとてもロマンチックです。
   いいえ、多分しないでしょう。行くには遠すぎます。
2. だれかに100万ドルをもらったら、何を買いますか？
   私はすてきな家を買うでしょう。
3. タイムマシンを持っていたら、何をしますか？
   過去に戻って、自分が赤ちゃんのころはどんな感じだったのか見るでしょう。
4. あなたが鳥なら、どこに飛んで行きますか？
   北海道に飛んで行くでしょう。
5. 好きな人にだれでも会えるとしたら、だれに会いたいですか？
   Usain Boltです。／ Ichiro Suzukiです。／ Aristotleです。／私の亡くなった祖父です。
6. もし可能ならば、月に飛んで行きますか？
   はい、そうするでしょう。それは本当にわくわくすると思います。
   いいえ、そうしないでしょう。それは怖いと思います。
7. もし選べるとしたらアメリカとイギリスと、どちらに留学しますか？
   アメリカで勉強するでしょう。その方がより楽しいです。
   イギリスで勉強するでしょう。イギリスの方がより興味深い歴史があります。
   どちらも選ばないと思います。私はオーストラリアに行くでしょう。
8. この本を推薦してくれと頼まれたら、あなたは何と言いますか？
   私は推薦します。構想が本当におもしろいです。
   私は推薦しません。私には退屈でした。

第 19 章から第 24 章のコア・カンバセーションの訳

【第 19 章のコア・カンバセーションの訳】

Hiro: SenSoft はすばらしい製品を作っていることはわかっている。地球を助けることもできると信じている。新年もすばらしい年になるよう、がんばろう！

Everyone: あけましておめでとう！

Hiro: 楽しい時間をお過ごしください！　あとこのパーティーの間は英語で話すこと！

John: やあ、Yumi。これが何だか教えてくれる？

Yumi: 数の子よ。魚の卵の一種。食べてみたら？　ビールいる、John？

John: うん！

Akio: Kaori、Maria がアメリカからいつ帰ってくるか知ってる？

Kaori: ああ、Akio、7 日に帰ってくると思うけど。帰ってきたら機嫌が直っているといいわね。

Hiro: おや、Kaori！　言うの忘れてたかもしれないけど、君のリモコンのアイデアは素晴らしかったよ。

Kaori: だけど、社長は……。

Hiro: John のアイデアは創造的だけど、実用的ではない。君は技術のノウハウを持っている。ふたりはきっと素晴らしいチームメートになるよ。

Kaori: チームメート？

Hiro: 君と John は新しい「エコ・ソフト」チームのメンバーになる。John は君がリーダーになるべきだと言っている。僕もそう思う。彼と話してみなさい。

Kaori: はい。そうしたほうがよさそうですね。

【第 20 章のコア・カンバセーションの訳】

Paul: ここは絶対気に入ると思うよ。さあ入ろう。

Maria: うーん……わかったわ。

Everyone: サプライズ！　お誕生日おめでとう！

Maria: えっ、そんな……Paul、どうやって……。

Paul: Maria、30 歳おめでとう。おいおい、誕生日に泣くなんて、マナー違反だぞ。

Maria: あの、みんなありがとう。本当にびっくりしたわ！

Kaori: Maria、お誕生日おめでとう。

Paul: Kaori が準備をすべて手伝ってくれたんだ。メールはコンピュータのことだって言ったんだけど……。

Maria: じゃあ、メールを交換していたのは、パーティーのためだったのね！　ふたりとも……ああ、私のためにこんなことをしてくれてたとわかって、本当にびっくりだわ。実はふたりのこと嫉妬しちゃってたの……本当にごめんなさい。

Kaori: 嫉妬？　ああ、やっとわかったわ！

Paul: 君が本当のことを知って、ほっとしたよ。

Maria: こんなパーティーを開いてくれて本当にありがとう。

Paul: どうってことないよ。

Kaori: 誕生日、おめでとう、Maria。

Everyone: Maria、誕生日おめでとう！　乾杯！

【第21章のコア・カンバセーションの訳】

John: 見て、あっちにも鹿が……それに木に座っている猿がいるわ。

Kaori: うわー、かわいいわね。ここに初めて来たのは子どものときの夏で、同じ光景を見たわ。冬はまったく違うのよ。

John: 僕が夢見た日本はまさにこれだよ。雪に松の木に……。

Kaori: 来週、私は砂とヤシの木を見ることになるわ。

John: ハワイへの旅行は楽しみかい？

Kaori: 緊張しているの。行ったことがないから……。

John: えっ⁉　とてもよく知っているから、てっきり。

Kaori: だけど、実際はどうなのかまったく知らないのよ。教えて。

John: ま、ハワイはフラとヤシの木だけではないよ。近代的で多文化なところさ。アメリカ合衆国の一部だってことを覚えておかないと。

Kaori: んー、それはわかってるわ。1959年に州になったのよね。

John: さすが。プロジェクトチームは君がいないとさみしがるよ。

Kaori: 私がいない間、あなたが立派なチームリーダーになるわ。

John: だといいけど。僕もさみしいな。

【第22章のコア・カンバセーションの訳】

Yumi: あといくつか設定があるとプログラムはよりフレキシブルになるわ。

Akio: その通りだけど、操作が簡単じゃない限り人は買わないよ。

John: とすると、使い勝手をよくすれば設定を増やしてもいいということだ。でもどうやって？

Akio: おいおい、僕は広報の人間だぜ。ソフトについては書くけど、どうやって作るかなんて知らないよ。

Yumi: Kaoriが帰って来てから話し合ったほうがいいかもね。　彼女は技術のエキスパートだもの。

Hiro: どうもみなさん！　John、会議は順調かね？

John: 何とかやっていますが、Kaoriがハワイから帰ってくると助かるんですが。

Hiro: Johnなんか特にそうだよな？

John: え、その……。

Hiro: SenSoftでロマンスがあれば僕は絶対わかるんだ。じゃあ、また！

Yumi: で、John、結婚式はいつなの？

John: さ、さて、会議をまとめないと。

Akio: ロミオがおっしゃるとおりに。

John: 勘弁してくれよ。

【第 23 章のコア・カンバセーションの訳】

Kaori: これは東海岸の美しいビーチよ。ワイキキよりも空いているの。
Maria: こんなにきれいな海は見たことがないわ。あら、これはどこ？
Kaori: 平等院よ。京都の近くにあるのとそっくりなの。John は行ったことあるの？
John: 子どものころ行ったよ。平等院を見てから、日本についてもっと興味を持ったよ。
Kaori: あ、これがフラフェスティバルよ。きれいな場所だったわ。
Paul: ダンサーにはかなわないよ……いや、もちろん Maria ほどきれいじゃないけど。
Maria: がんばったわね。Kaori、公演はどうなの？
Kaori: それは、他の人が撮ったから……。
Paul: うまい言い訳だね。
John: 実は、Kaori のグループが東京のフェスティバルで公演するんだ。2、3 週間後に。
Kaori: John……本当に緊張するわ。
Paul: そうだとしたら、応援が多ければ多いほどいいな。
Maria: その通りだわ。Akio、Yumi、Nobu、Hiro さんにも伝えるわ。
Kaori: 社長？　冗談じゃないわ！

【第 24 章のコア・カンバセーションの訳】

Maria: おめでとう！　素晴らしかったわよ、Kaori！
John: Kaori、君のダンスは最高だったよ！
Kaori: John、皆の前では……社長！　どうやってお知りに……。
Hiro: スパイがいるんだ。君がこんな才能を持っているのを知っていたら、会社の新年会で踊ってもらったんだが。
Akio: ええと、みんな。こちらは Tomoe。僕の彼女なんだ。
Tomoe: 初めまして。
Paul: もし、君がネットのデート会員になっていなければ……。
Akio: 実は、登録しなかったんだよ。DVD レンタルショップで出会ったんだ。怪獣映画のコーナーで。
Maria: ところで、Paul と私は 10 月にハワイに行くの。
Paul: そこで結婚するんだ。
Everyone: それはよかった！　おめでとう！
John: 僕ならカウアイで挙げるな。Kaori と僕はそこに行くんだ。
Yumi: つまり、ふたりは結婚するってこと？
John: 「うん」って言えたらなぁ。でも、残念ながら、ただの旅行だよ。
Maria: John、それってプロポーズ？
John: ええと、もっときちんと言うべきだよな。Kaori、結婚してくれないか？
Kaori: いいわよ！
Everyone: おめでとう！

ファイナル Check!

▶▶あなたの英語スピーキング力はどうなった？

さて、ここまで練習をこなした読者のみなさんは、かなり話す力がついているはずです。以下のトピックについて、英語で話してみてください。もちろん、全部のトピックというわけではなく、話せるものについてだけ話してかまいません。何分話せるか、測ってみてください。すべてここまでに練習したトピックなので、かなり話せると思います。

- ●自分の仕事、学生なら学校のこと
- ●自分の趣味、好きな音楽、スポーツなど
- ●家族、友人、先生など
- ●昔の話（学校、仕事、旅行、恋愛など）
- ●未来の予定（明日、週末、次の休暇、**1** 年後、**3** 年後、**10** 年後）

① (分 秒)	年 月 日

どうでしたか？　1回目の記録が不十分だと思ったら、もう一度チャレンジしてみてください。一度練習しているので、2回目は記録が伸びるはずです。

① (分 秒)	年 月 日

さらに、もう一度やってみてもいいですし、もう少しこの本で練習してから、チャレンジしてもかまいません。その後も何度か自分の会話力の伸びをチェックする意味で、同じタスクをやってみてください。

① (分 秒)	年 月 日
① (分 秒)	年 月 日
① (分 秒)	年 月 日

白井恭弘 （しらい　やすひろ）

東京生まれ。上智大学外国語学部英語学科卒業。浦和市立高校教諭を経て、カリフォルニア大学ロサンゼルス校（UCLA）修士課程（英語教授法専攻）、博士課程（応用言語学専攻）修了、Ph.D.（応用言語学）。大東文化大学外国語学部英語学科助教授、コーネル大学現代語学科助教授、同アジア研究学科准教授、ピッツバーグ大学言語学科教授などを経て、現在、ケース・ウエスタン・リザーブ大学認知科学科教授。専門は言語学、言語習得論。著書に *The acquisition of lexical and grammatical aspect* （Mouton de Gruyter, 2000, 共著）、*Handbook of East Asian psycholinguistics: Japanese* （Cambridge University Press, 2006, 共編著）、『外国語学習に成功する人、しない人』（岩波科学ライブラリー、2004）、『外国語学習の科学——第二言語習得論とは何か』（岩波新書、2008）、『英語教師のための第二言語習得論入門』（大修館、2012）、『ことばの力学―応用言語学への招待』（岩波新書、2013）、*Connectionism and second language acquisition* （2019, Routledge）などがある。

臼井芳子 （うすい　よしこ）

獨協大学国際教養学部言語文化学科教授。MA in TESOL（University of Hawaii）。専門は、英語教育（特にコンテント中心教育、EAP）、バイリンガリズム、言語政策、教員養成。編著に『日本のバイリンガル教育 学校の事例から学ぶ』（三修社）、『多言語社会がやってきた―世界の言語政策Q&A』（くろしお出版）などがある。

新装版 耳からマスター! しゃべる英文法

2009年10月10日　第1版第1刷発行
2020年　4月10日　新装版　第1版第1刷発行

監修・著者／白井恭弘
協力／臼井芳子

装丁／見留裕 (B.C.)
イラスト／大矢正和
英文執筆・校正 / Cathleen Fishman、Ian Martin、Steve Trautlein、柴田真梨
ナレーション / Edith Kayumi、Josh Keller、Deirdre Merrel-Ikeda、Peter van Gomm、
　　　　　　　　Howard Colefield
翻訳／西山真理子
DTP/ 青島律子

発行人／坂本由子
発行所／コスモピア株式会社
〒151-0053 東京都渋谷区代々木4-36-4 MCビル2F
営業部 TEL: 03-5302-8378 email: mas@cosmopier.com
編集部 TEL: 03-5302-8379 email: editorial@cosmopier.com

https://www.cosmopier.com/（会社・出版案内）

https://e-st.cosmopier.com/（コスモピアeステーション）

印刷・製本／シナノ印刷株式会社
音声編集／安西一明
録音／財団法人英語教育協議会 (ELEC)

本書のご意見・ご感想をお聞かせください。

本書をお買い上げいただき、誠にありがとうございます。

今後の出版の参考にさせていただきたいので、ぜひ、ご意見・ご感想をお聞かせください。（PC またはスマートフォンで下記のアンケートフォームよりお願いいたします）

アンケートにご協力いただいた方の中から抽選で毎月 10 名の方に、コスモピア・オンラインショップ（https://www.cosmopier.net/shop/）でお使いいただける 500 円のクーポンを差し上げます。（当選メールをもって発表にかえさせていただきます）

https://forms.gle/AZ7cpAa4uhuuwRHD6

コスモピア **e** ステーション

コスモピアが提供する英語学習のための
e-learning マルチプラットホーム

https://e-st.cosmopier.com

英語多読の森 ## 読み放題コース 毎月 800 円 (税別)

英語の基礎を作るための Graded Readers や Leveled Readers などが読み放題のコースです。レベルや興味にそって読み進めることができるように、さまざまな出版社にご協力をいただき、リーディングの素材を集めました。レベル 0 〜 6 と 7 段階に分かれた英語の読み物をジャンル別を選んで読み進めることができます。すべての読み物は音声付きです。

特徴

- やさしい英語の本が読み放題
- 読んだ語数は自動でカウント
- すべての素材は音声つき (速度調節機能あり)
- 音声を使ったシャドーイング練習 (録音機能つき)
- どんどん増えるコンテンツ

ジャンル、レベル、シリーズ、語数などで検索できます。

読む速さをチェックできます。

PC 版では作品部分を全画面表示で読むことができます。

内容をきちんと理解しているかをチェックできるリーディングクイズもついています。

* 登録コンテンツ数：775 (2019/9/27 時点)

ひとつの素材でこれだけトレーニングできる！

| リーディング | 読速チェック | リーディングクイズ | 聞き読み | リスニング *スピード調節機能 | シャドーイング *録音機能 | サマライズ *ライティング+模範例 |

登録シリーズ一部紹介：Building Blocks Library (mpi) / ラダーシリーズ（IBC パブリッシング）/ Happy Readers、Smart Readers、I Love Poems、Greek Roman Myths (Happy House) / Foundations Reading Library、Our World Readers（ナショナルジオグラフィック社）/ Cosmopier Library（コスモピア）

英語多聴ライブラリ 聞き放題コース 毎月 500 円 (税別)

「英語聞き放題」コースの学習の中心は「シャドーイング」です。シャドーイングとは、テキストを見ないで流れてくる音声を聞きながら、影のように後についてその音声をまねて声を出すトレーニングです。テキストを見て行う音読に比べ、リズムとイントネーションが自然に身につきます。また、単語同士の音の繋がりに強くなり、会話のスピードに慣れていきます。頭の中では文法や意味も自然に意識され、リスニング力・スピーキング力がアップします。

特徴

- レッスンの中心はシャドーイング
  （リスニング＆スピーキング力アップに効果あり）
- 厳選されたオリジナル教材多数
- 聞いた語数は自動でカウント
- 自分のシャドーイング音声を録音できる
- どんどん増えるコンテンツ
  （最新ニュースや動画付き学習素材、『多聴多読マガジン』のコンテンツなど）

音声タイプ（会話 / スピーチ / インタビュー）や、素材のジャンル（フィクション / ノンフィクション / ビジネス）をレベル別に検索できます。

トレーニング画面のイメージ。各コンテンツには、スクリプト、語注、訳がついています。

自分の音声を録音し、ダウンロードして、モデル音声と比較することができます。

シャドーイング画面では、スクリプトは表示されません。モデル音声だけを頼りに、まねをしてみましょう。

* 登録コンテンツ数：約 2000（2019/7/27 時点）

ひとつの素材でこれだけトレーニングできる！

| リスニング
*動画付き
コンテンツもあり | 意味チェック
*スクリプト、語注、訳 | 聞き読み
*内容を理解しながら
黙読 | パラレル・リーディング
*テキストを見ながら声に出す | シャドーイング
*音声の後について
声に出す |

コスモピア TOEIC® テスト 通信講座

新形式完全対応 TOEIC®L&R テスト スーパー入門コース

---- 講座のねらい ----

「英語の音」を耳に慣らすことに重点を置いています。英語に対する苦手意識や抵抗感などを弱め、400 点突破の基礎を作ります。英語力の底上げと TOEIC 対策の両立に徹底的にこだわります。

［学習時間の目安］1 日 20 分×週 5 日
［受講期間］3 カ月
［受講料］¥18,000（税別）
監修：田中宏昌　執筆：松井こずえ、木村哲夫、岡本茂紀

教材の内容

- スタートアップガイド
- テキスト
  （A5 判 /120 ページ）×3 冊
- テキスト対応 CD × 3 枚
- 付録：直前マニュアル
  （新形式ガイド、必須語彙 500
  チェックリスト CD 付）
- 音声付電子版テキスト
  Vol.1 ～ 3
- テスト（Web 受験）
  3 回：マークシートでの
  提出も可

新形式完全対応 TOEIC®L&R テスト GET500コース

---- 講座のねらい ----

使える英語の出発点・500 点突破を目指します！ 基礎的な語彙力・文法力を強化し、長めの文や音声に慣れながら、バランスの取れた英語力を養成します。

［学習時間の目安］1 日 20 分×週 5 日
［受講期間］3 カ月
［受講料］¥22,000（税別）
監修：田中宏昌
執筆：妻鳥千鶴子、荒井貴和、田中宏昌、岡本茂紀

教材の内容

- スタートアップガイド
- テキスト
  （A5 判 /144 ページ）×3 冊
- テキスト対応 CD × 6 枚
- 付録：直前マニュアル
  （新形式ガイド、必須語彙 700
  チェックリスト CD 付）
- 音声付電子版テキスト
  Vol.1 ～ 3
- テスト（Web 受験）
  3 回：マークシートでの
  提出も可

新形式完全対応 TOEIC®L&R テスト GET600コース

教材の内容

- ●スタートアップガイド
- ●テキスト
  （A5判/148ページ）×4冊
- ●テキスト対応CD×8枚
- ●付録：直前マニュアル
  （新形式ガイド、必須語彙800
  チェックリストCD付）
- ●模擬試験200問
- ●音声付電子版テキスト
  Vol.1～4
- ●テスト（Web受験）
  4回：マークシートでの
  提出も可

講座のねらい

中級レベルの英語力の指針・600点突破を目指します！
TOEICテストの各パートでバランスよく得点できる力を強化します。長文や音声に対する耐久力をつけ、理解や反応のスピードアップを図ります。

［学習時間の目安］1日25分×週5日
［受講期間］4カ月
［受講料］¥31,000（税別）
監修：田中宏昌 執筆：妻鳥千鶴子、小倉雅明、武藤克彦、佐藤洋一、岡本茂紀

新形式完全対応 TOEIC®L&R テスト GET730コース

教材の内容

- ●スタートアップガイド
- ●テキスト
  （B5判/168ページ）×4冊
- ●テキスト対応CD×8枚
- ●付録：英語のL&Rバイブル
- ●模擬Pretest100問
- ●模擬Posttest200問
- ●音声付電子版テキスト
  Vol.1～4
- ●テスト（Web受験）
  4回：マークシートでの
  提出も可

講座のねらい

仕事で通用する730点をクリア！ 速読・速聴力をデュアルトレーニングで強化し、800点を超える読む・聞く力の獲得を目指します！

［学習時間の目安］1日40分×週6日
［受講期間］4カ月
［受講料］¥36,000（税別）
監修：田中宏昌 執筆：岡本真由美、長沼君主、鈴木淳
模擬問題監修：早川幸治 コラム：佐藤まりあ、柴田真一

問合先　コスモピア
〒151-0053
東京都渋谷区代々木4-36-4

TEL: 03-5302-8378（受付時間：平日9:00-17:00）
https://www.cosmopier.com/
Eメール：mas @ cosmopier.com

執筆陣

田中 茂範	長沼 君主	門田 修平	岡本 茂紀	川本佐奈恵	田中 宏昌	高橋 朋子	阿部 一
慶應義塾大学教授 シリーズ総合監修	東海大学准教授 シリーズ・テスト監修	関西学院大学・大学院教授 シリーズ・アドバイザー	オフィス LEPS 代表「基礎コース」「実践コース」	English Time 主宰「基礎コース」	明星大学教授 小林いづみ IT企業人事担当「実践コース」	アメリカ創価大学大学院長・教授「実践コース」	阿部一英語総合研究所(英総研)所長「実践コース」

ご受講のご案内

声に出す！スピーキング基礎コース

受講期間 3カ月

受講料 【基本パック】19,000 円+税

【オンライン・レッスン付きフルパック】23,000 円+税

オンライン・レッスン ●お試し 1 回 ●レッスン 12 回(週 1 回×15 分)

教材内容
- スタートアップガイド
- テキスト (A5 サイズ) 3 冊
- mp3 音声収録 CD-ROM(約 5 時間) 3 枚
- 副教材「英語習慣 100 日手帳」
- 選択テスト (Web 受験) 3 回
- 音声テスト (Skype 経由または Web 提出) 3 回
- 修了証書

■テキスト試し読み・音声試聴ができます→ **www.cosmopier.com/tushintop/**
■教材はお申し込み受付から1週間以内にお届けいたします

どんどん話せる！スピーキング実践コース

受講期間 4カ月

受講料 【基本パック】28,000 円+税

【オンライン・レッスン付きフルパック】34,000 円+税

オンライン・レッスン ●お試し 1 回 ●レッスン 16 回(週 1 回×15 分)

教材内容
- スタートアップガイド
- テキスト (A5 サイズ) 4 冊
- mp3 音声収録 CD-ROM 4 枚
- 副教材「英語習慣 120 日手帳」
- 選択テスト (Web 受験) 4 回
- 音声テスト (Skype 経由または Web 提出) 4 回
- 修了証書

お申込方法

コスモピア・オンラインショップ
www.cosmopier.net/shop/
*クレジットカード一括払いとなります

- 郵送　所定の申込書をご利用ください
- TEL 03-5302-8378 (平日 9:00-17:00)
- FAX 03-5302-8399
- e メール　mas@cosmopier.com

*教材と一緒に郵便局の払込用紙をお送りします。

● 件名を「スピーキング申込 083 係」とし、以下の項目を送信してください。
①申込コース名 ②お名前（ふりがな）③〒住所 ④電話番号 ⑤生年月日 ⑥ご職業

・不良品はただちに交換させていただきます。開封済み教材の返品は原則としてご容赦ください。

 コスモピア　〒151-0053　東京都渋谷区代々木 4-36-4
TEL 03-5302-8378　FAX 03-5302-8399　**www.cosmopier.com**

Act in English　Meaningful　Authentic and Personal

英語習慣をつくる！

日常まるごと 英語表現 ハンドブック

田中茂範／阿部 一　共著

全国書店で 絶賛発売中

これ1冊で「ほぼ」何でも言える！

　日常生活を「朝、目覚めて」「電車に乗る」「会議と発表」「子どもの学校」などの38の場面、「人事考課と給与」「子育て」「介護」「音楽」などの20の話題に分類。さらにそれぞれを「動詞表現」「名詞・形容詞表現」「文表現」に分けてネットワーク。

　本書を片手に英語を生活の中へ、生活を英語化する！　そして自分の英語 My English をつくろう！

A5判　665ページ　定価　本体 2000 円＋税